Inhaltsverzeichnis

Grün

Der Wald

Die Tannen duften

Ich höre Bienen summen

Glück

Ein solches Gedicht nennt man „Elfchen".

? ! Finde heraus, warum es so heißt. Schreibe den Satz zu Ende.

Das Gedicht heißt Elfchen, weil _____

_____

① So verteilen sich die Wörter des Gedichts oben auf die Zeilen. Trage die Wörter ein.

1. Zeile ☐

2. Zeile ☐ ☐

3. Zeile ☐ ☐ ☐

4. Zeile ☐ ☐ ☐ ☐

5. Zeile ☐

Wenn du die Aufgabe 1 nicht lösen konntest, zähle die Wörter des Gedichts.

2 Sieh das Elfchen von Seite 2 genau an und trage ein.

Ein Elfchen hat _____ Zeilen.

Die 1. Zeile hat _____ Wort.

Die 2. Zeile hat _____ Wörter.

Die 3. Zeile hat _____ Wörter.

Die 4. Zeile hat _____ Wörter.

Die 5. Zeile hat _____ Wort.

Auf diese Fragen antworten die Zeilen eines Elfchens:

1. Zeile: Wie ist es?
2. Zeile: Wer/was ist es?
3. Zeile: Was geschieht?
4. Zeile: Was geschieht außerdem?
5. Zeile: Welches Wort passt als Abschluss?

Im Gedicht von Seite 2 heißt die fünfte Zeile **Glück**.
Andere Möglichkeiten sind z. B.:

| friedlich | schön | Sommer | Ferien |

3 Lies das Elfchen von Seite 2 jetzt noch einmal. Möchtest du die fünfte Zeile verändern? Wähle ein Wort aus oder schreibe deine Idee in das leere Kästchen.

korrigiert: ☐

1 Zu welchem Thema möchtest du ein Elfchen schreiben? Wähle eines oder denke dir ein Thema aus. Schreibe ein Elfchen.

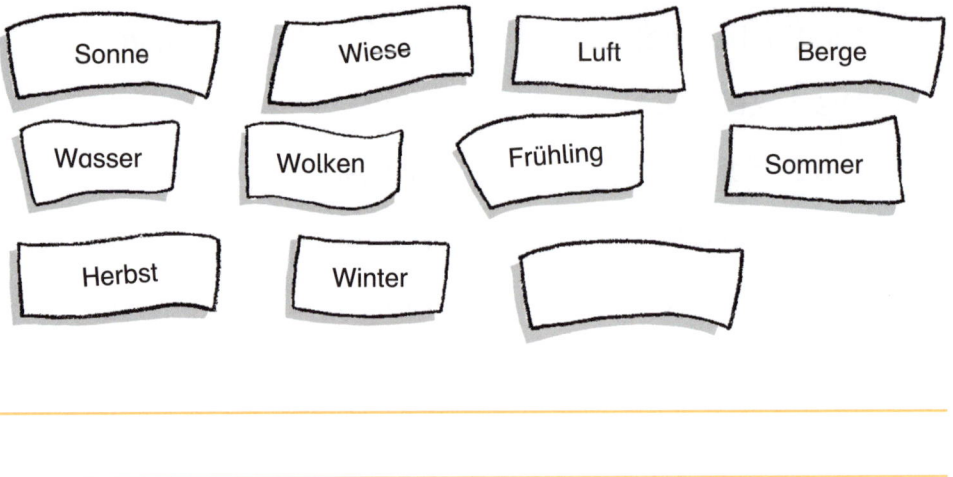

Sonne Wiese Luft Berge

Wasser Wolken Frühling Sommer

Herbst Winter

2 Lies dein Gedicht. Überprüfe: Sind es elf Wörter? Stimmt die Anzahl der Wörter auf jeder Zeile?

3 Hast du die Fragen von Seite 3 beantwortet? Verändere die Zeilen, wenn nötig.

4 Hier kannst du weitere Elfchen schreiben.
Denke dir Themen aus oder wähle von Seite 4.

5 Schmücke deine Elfchen mit Zeichnungen.

6 Du kannst ein Elfchen-Buch zusammenstellen.

korrigiert: ☐

1 Lies die Anfangsbuchstaben der beiden Gedichte von oben nach unten. Schreibe diese Wörter unter die Gedichte.

O MA

M AMA

A NRUFEN

B UNT

A LLE

L USTIG

L ACHEN

_____

2 Nun kannst du dein eigenes Gedicht zu OMA schreiben. Suche dazu Wörter aus.

OSTERN   MIENE
AUGUST   OFFEN   OKAY   MITEINANDER
OHR   ABSCHIED   ALT   MORGENS   MINIGOLF
MÄRCHEN   OFT   ANTWORTEN   AUSRUFEN
ORDENTLICH   MASERN   ARZT
ANFANGEN

O _____

M _____

A _____

3 Suche zu jedem Buchstaben des Wortes **Klasse** ein bis zwei weitere Wörter und schreibe sie in die Kreise.

erleben
erklären Einmaleins
Erfolg Experte eng
Ende essen Erzieherin
erzählen einsam
Experiment

_____

kalt kochen klein
Keks Kalender klug
kennen Kummer

_____

K
L
A
S
S
E

singen
schwer schnell
Spaß sitzen Stufe
Stifte sieben Schrift
Sommer schreiben Singular
Schrank Sticker spielen
sitzen schneiden super
schnell Sportplatz Sonne

_____

lesen
leise Laterne
lustig Lob leicht
Lehrerin lieb lernen
Lexikon lernen

_____

abfahren
auswählen Auftritt
Abkürzung aufregend
anrufen Abc

_____

4 Wähle zu jedem Buchstaben deine Lieblingswörter aus und markiere sie.

korrigiert: ☐

1 Schreibe nun dein KLASSE-Gedicht.
Entscheide dich für je ein Wort.

K _____

L _____

A _____

S _____

S _____

E _____

2 Schmücke dein Gedicht.

korrigiert: ☐

1 Zu welchem Wort möchtest du ein BUCHSTABEN-Gedicht schreiben? Wähle aus den Vorschlägen oder denke dir selbst ein Wort aus.

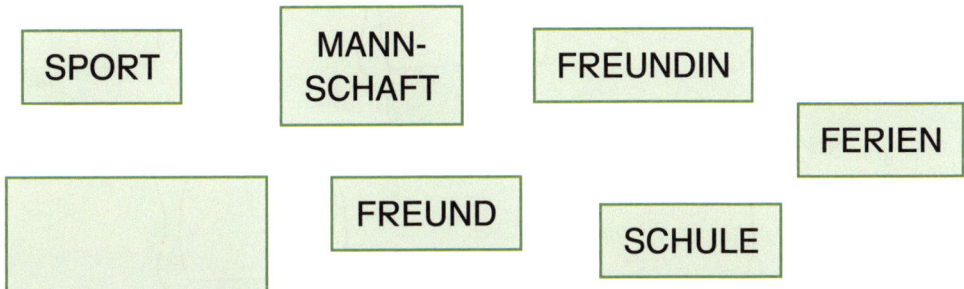

SPORT MANN-SCHAFT FREUNDIN FERIEN FREUND SCHULE

2 Schreibe die Buchstaben deines Wortes untereinander. Ziehe Linien.

3 Sammle Wörter zu den Buchstaben auf einem Extra-Blatt. Ergänze dann jeden Buchstaben mit einem Wort.

korrigiert: ☐

So viele Teesorten ...

(1) Welche Teesorten kennst du? Schreibe sie in die Teebeutel.

(2) Welches ist dein Lieblingstee? Schreibe auf.

(3) Kreuze an: Ich trinke Tee,

... wenn ich Schnupfen habe.	
... wenn ich durstig bin.	
... wenn ich ein Tor schieße.	
... wenn ich erkältet bin.	
... wenn ich frühstücke.	
... wenn ich dusche.	
... wenn ich friere.	
... wenn ich schlafe.	

korrigiert: ☐

1 Was brauche ich zum Teekochen? Markiere die Wörter.

Wasserkocher – Messer – Wasser – Salz – Teekanne –
Uhr – Marmelade – Tellerchen – Füller – Teebeutel

2 Schreibe die passenden Wörter unter die Bilder.

_____   _____   _____

_____   _____   _____

Was mache ich zuerst?

3 Stelle die richtige Reihenfolge her. Schreibe mit Bleistift die
passenden Nummern in die Kreise.

korrigiert: ☐

~~Wasser in den Wasserkocher füllen~~ – Teebeutel in die Teekanne
hängen – heißes Wasser in die Teekanne gießen –
Uhr auf fünf Minuten stellen – Teebeutel herausnehmen –
Teebeutel auf ein Tellerchen legen

Du weißt jetzt genau, was du zum Teekochen brauchst und in
welcher Reihenfolge du es machen musst.

1 Schreibe eine Anleitung zum Teekochen. Benutze die Ich-Form.
Die Wörter oben können dir dabei helfen.

So koche ich Tee

1. Ich fülle Wasser in den Wasserkocher.

2. Ich hänge den Teebeutel

3.

4.

5.

6.

2 Hast du die Ich-Form benutzt? Lies deine Anleitung genau.

korrigiert: ☐

1 Dein Lieblingskuscheltier hat viel zu erzählen. Stelle ihm diese
Fragen und schreibe die Antworten auf.

Wie heißt du?

Woher kommst du?

Was machst du,
wenn ich in der
Schule bin?

Was ist dein
größter Wunsch?

korrigiert: ☐

2 Hast du noch andere Fragen an dein Kuscheltier?
Schreibe Frage und Antwort auf.

3 Male dein Kuscheltier in den Bildschirm.

korrigiert:

Ich heiße …

Ich komme …

Wenn ich allein bin …

Ich wünsche mir am meisten …

1 Lies die Antworten deines Kuscheltiers auf den Seiten 13 und 14 noch einmal.

2 Schreibe seine Geschichte. Benutze die Satzanfänge oben.

korrigiert:

1 Bereite eine Geheimschrift vor.
Nummeriere dazu das Abc auf der linken Seite.

9 13 26 15 15 _____

5 14 20 5 _____

21 8 21 _____

5 12 5 6 1 14 20 _____

_____

20 9 7 5 18 _____

19 3 8 12 1 14 7 5 _____

_____

23 15 12 6 _____

1 6 6 5 _____

11 1 11 1 4 21 _____

_____

10 1 7 21 1 18 _____

_____

7 9 18 1 6 6 5 _____

_____

2 Knacke die Geheimschrift. Schreibe deine
Lösungswörter auf die Linien.

?! Denke dir selbst Wörter in dieser Geheimschrift
aus. Lass sie von jemandem lösen.

3 Wie ist diese Geheimschrift entstanden?
Verwandle die Wörter in die richtige Schreibweise.

MUAB   LEFPA   TSNEPSEG

_____   _____   _____

4 Wie heißen diese Wörter?
Verwandle sie in die richtige Schreibweise.

GUEZGULF = _____

ESEIR = _____

NRETS = _____

ELLIRBNENNOS = _____

5 Kannst du auch diesen Geheimtext knacken? Schreibe die
Lösung auf.

ETARRE HCIM:
ENIEM ERAAH DNIS TOR. HCI EBAH NENIE NEFFA DNU NIE
DREFP. HCI ENHOW NI RED ALLIV TNUBRETNUK.

_____

_____

_____

korrigiert: ☐

Auf den Bildern siehst du, in welchen Schritten du Kresse säen kannst.

1 Schreibe die richtigen Nummern in die Kreise.

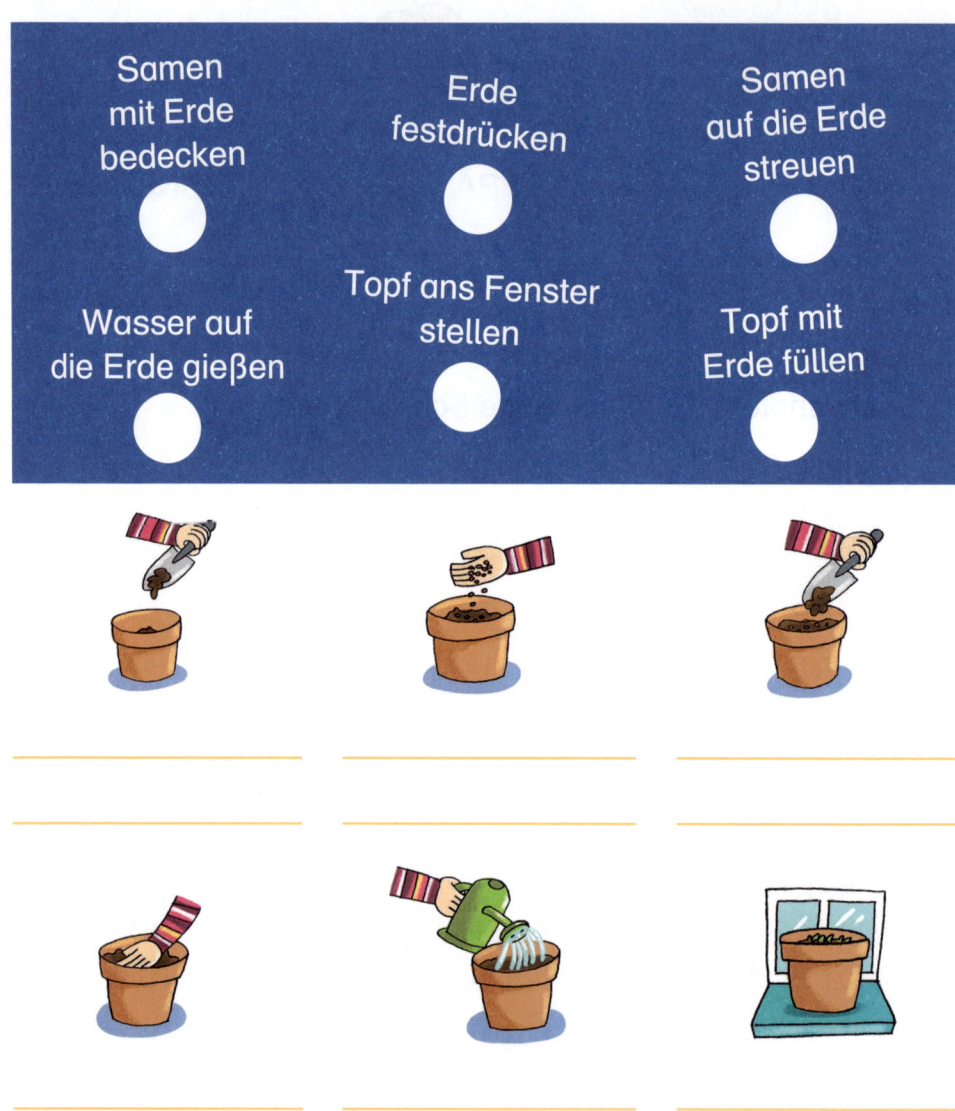

2 Beschrifte die Bilder mit den richtigen Wörtern.

3 Hier ist etwas durcheinander geraten. Lies die Sätze mindestens zweimal. Stelle die richtige Reihenfolge her. Schreibe mit Bleistift die richtigen Nummern in die Töpfchen.

 Ich drücke die Samen und die Erde vorsichtig fest.

 Ich bedecke die Samen mit Erde.

 Ich fülle einen Topf mit Erde.

 Ich gieße etwas Wasser darüber.

 Ich streue einige Samen auf die Erde.

 Ich stelle den Topf mit Erde und Samen ans Fenster.

4 Kontrolliere Schritt für Schritt mit den Bildern auf Seite 18. Verändere die Nummern, wenn nötig.

korrigiert: ☐

① Diese Satzanfänge helfen dir beim Schreiben einer Anleitung.
Schreibe die Anleitung mit den Sätzen von Seite 19 auf.

So säe ich Kresse

Zuerst fülle ich den Topf mit Erde.

korrigiert: ☐

1) Säe Kresse und beobachte täglich, wie sie wächst.

2) Wenn du eine Veränderung bemerkst, fülle das Beobachtungsblatt aus.

- Notiere das Datum auf dem Topf.
- Zeichne die Veränderung ein.
- Schreibe einen Satz dazu auf die Linien.

Datum: _____

_____

_____

Datum: _____

_____

_____

Datum: _____

_____

_____

korrigiert: ☐

1 Lies das Rezept.

- 1 Becher Quark in eine Schüssel füllen
- etwas Salz zugeben
- 1 kleines Kännchen Milch in den Quark rühren
- Kresse abschneiden
- Kresse unter den Quark mischen
- den Quark mit etwas Kresse verzieren

Auf Seite 20 findest du Satzanfänge.

2 Schreibe das Rezept in der Ich-Form auf.

Mein Kresserezept

Zuerst fülle ich einen Becher Quark in eine Schüssel.

?! Kennst du noch andere Quarksorten? Gehe auf Entdeckung im Supermarkt und schreibe auf.

korrigiert: ☐

1 Lies dir die folgenden Punkte in Ruhe durch.

Ich weiß über mein Lernen Bescheid.

2 Nimm die Seiten 2-22 zu Hilfe, wenn du einschätzen möchtest, ob du Texte verfassen kannst.

3 Kreuze an, wie du deine Texte einschätzt.

Texte verfassen	👑	👑👑	👑👑👑	👑👑👑👑
1. Ich kann ein Elfchen schreiben.				
2. Ich kann ein Buchstaben-Gedicht schreiben.				
3. Ich kann etwas in einer Geheimschrift lesen und schreiben.				
4. Ich achte beim Schreiben auf die richtige Reihenfolge.				
5. Ich benutze unterschiedliche Satzanfänge.				
6. Ich kann ein Rezept schreiben.				

Schere

Teddy

Klebstoff

Lineal

Eisenbahn

Füller

Puppe

Ball

Buch

Heft

Kasper

Legostein

1 Verbinde die Wörter mit den Bildern.

2 Bringe Ordnung in die Sachen. Trage ein. Streiche weg, was du eingetragen hast. Denke dir zu jedem Oberbegriff ein weiteres Wort aus. Schreibe es dazu.

Spielsachen   Schulsachen

4 Schreibe die Werkzeuge in die Kiste und streiche sie aus.

Zange, Bohrer, Gabel, Säge, Löffel, Feile, Kuchengabel,
Hammer, Messer, Eislöffel

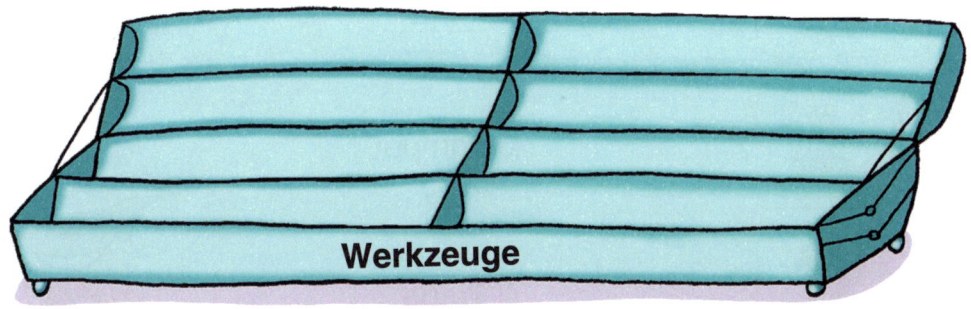

Werkzeuge

5 Schreibe die übrigen Wörter auf und finde einen Oberbegriff.

_____

_____

_____

6 Welches Wort gehört nicht dazu? Streiche durch.

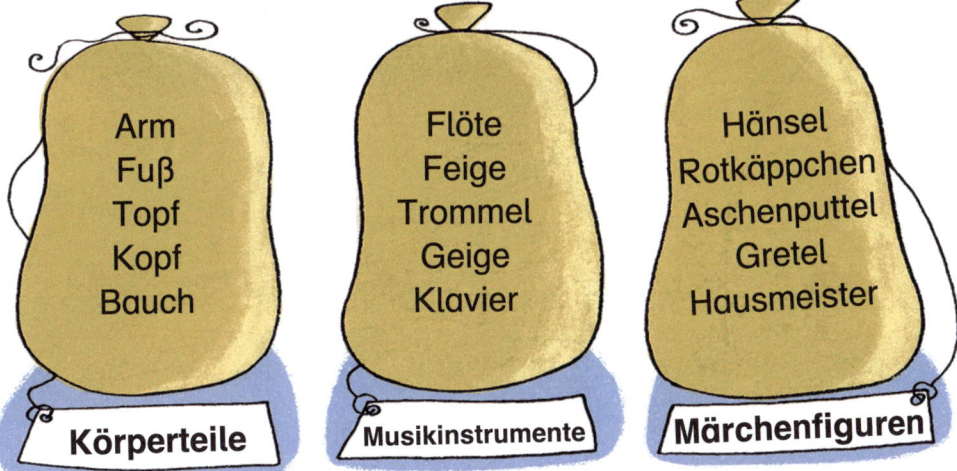

Arm	Flöte	Hänsel
Fuß	Feige	Rotkäppchen
Topf	Trommel	Aschenputtel
Kopf	Geige	Gretel
Bauch	Klavier	Hausmeister
Körperteile	**Musikinstrumente**	**Märchenfiguren**

korrigiert: ☐

1 Diese Menschen, Tiere, Pflanzen und Dinge haben Namen.
Verbinde die Bilder mit den richtigen Namen.

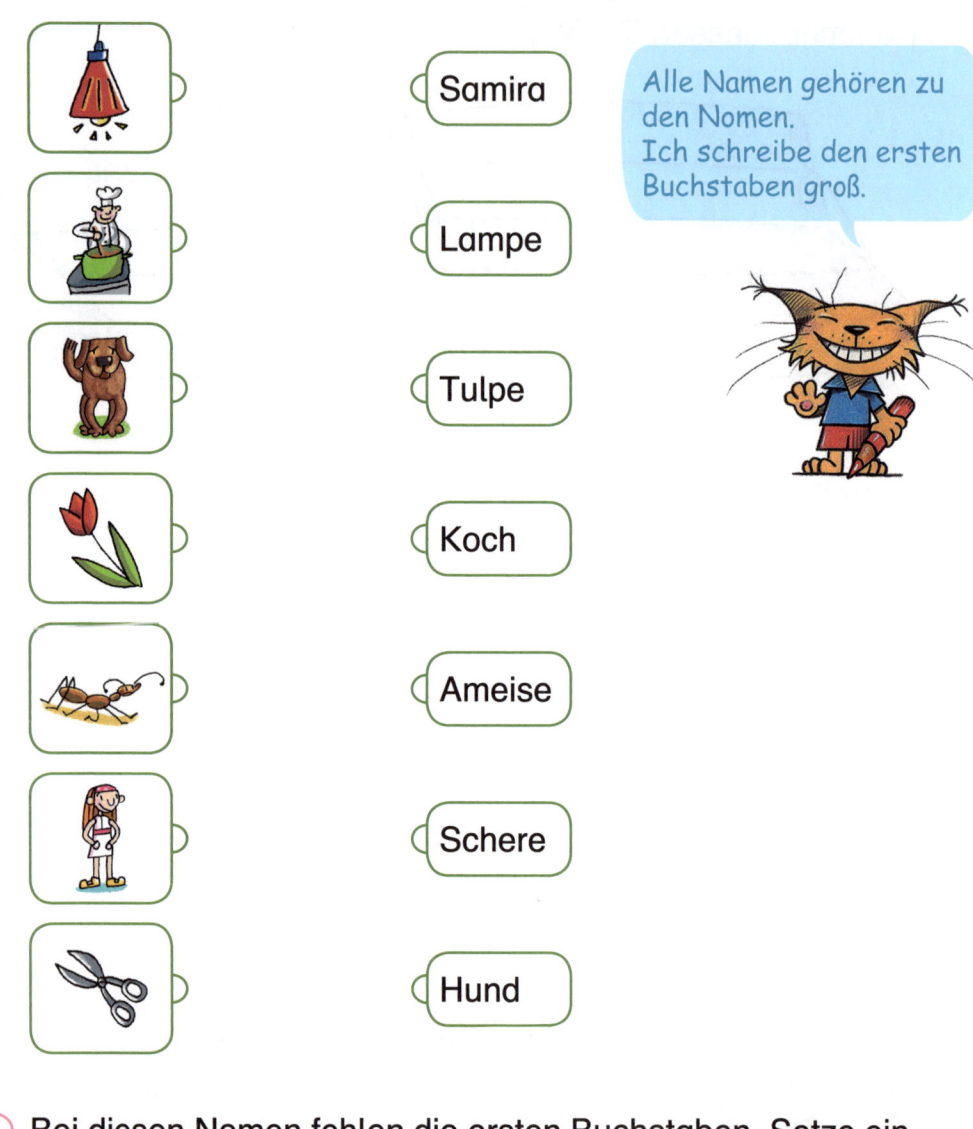

Samira

Lampe

Tulpe

Koch

Ameise

Schere

Hund

Alle Namen gehören zu den Nomen.
Ich schreibe den ersten Buchstaben groß.

2 Bei diesen Nomen fehlen die ersten Buchstaben. Setze ein.

der ___ lefant, die ___ alme, die ___ ma, die ___ asche,

der ___ aum, der ___ ehrer, die ___ atze, die ___ irsche

korrigiert: ☐

Verben beschreiben, was getan wird oder passiert.

1 Lies halblaut. Setze nach jedem Verb einen Strich.

lesenmalenbadenbellenschwimmenfahren

2 Was tun die Menschen und Tiere auf den Bildern?
Schreibe die Verben aus Aufgabe 1 unter die Bilder.

_____ _____ _____

_____ _____ _____

3 Was tust du gerne? Kreuze an. Ergänze.

☐ tanzen	☐ spielen	☐ lesen
☐ basteln	☐ fernsehen	☐ schwimmen
☐ hüpfen	☐ _____	☐ _____

korrigiert: ☐

> Adjektive benennen Eigenschaften, also wie jemand oder etwas ist.

1 Lies halblaut. Setze nach jedem Adjektiv einen Strich.

kleinsüßschnellheißlangsamgroßsauerkalt

2 Beantworte jede Frage mit einem Adjektiv aus Aufgabe 1.

● Wie ist die Schokolade? _____

● Wie ist der Zwerg? _____

● Wie ist der Riese? _____

● Wie ist das Eis? _____

● Wie ist das Rennauto? _____

● Wie ist die Zitrone? _____

● Wie ist die Schnecke? _____

● Wie ist das Feuer? _____

3 Jeweils zwei Adjektive aus Aufgabe 1 bilden Gegenteile. Schreibe die Wortpaare hier auf.

_____ und _____

_____ und _____

_____ und _____

_____ und _____

korrigiert: ☐

1 Welche Wörter gehören zu den Oberbegriffen in die Kisten?
Verbinde.

reif	fressen
Tulpe	haarig
keimen	Hamster
grün	blühen
Ameise	Hafer
flauschig	krabbeln

Tiere

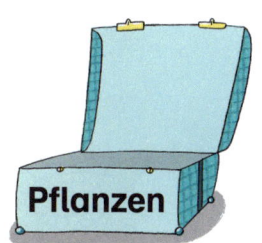

Pflanzen

2 Ordne die Wörter aus Aufgabe 1 in die passenden Kisten.

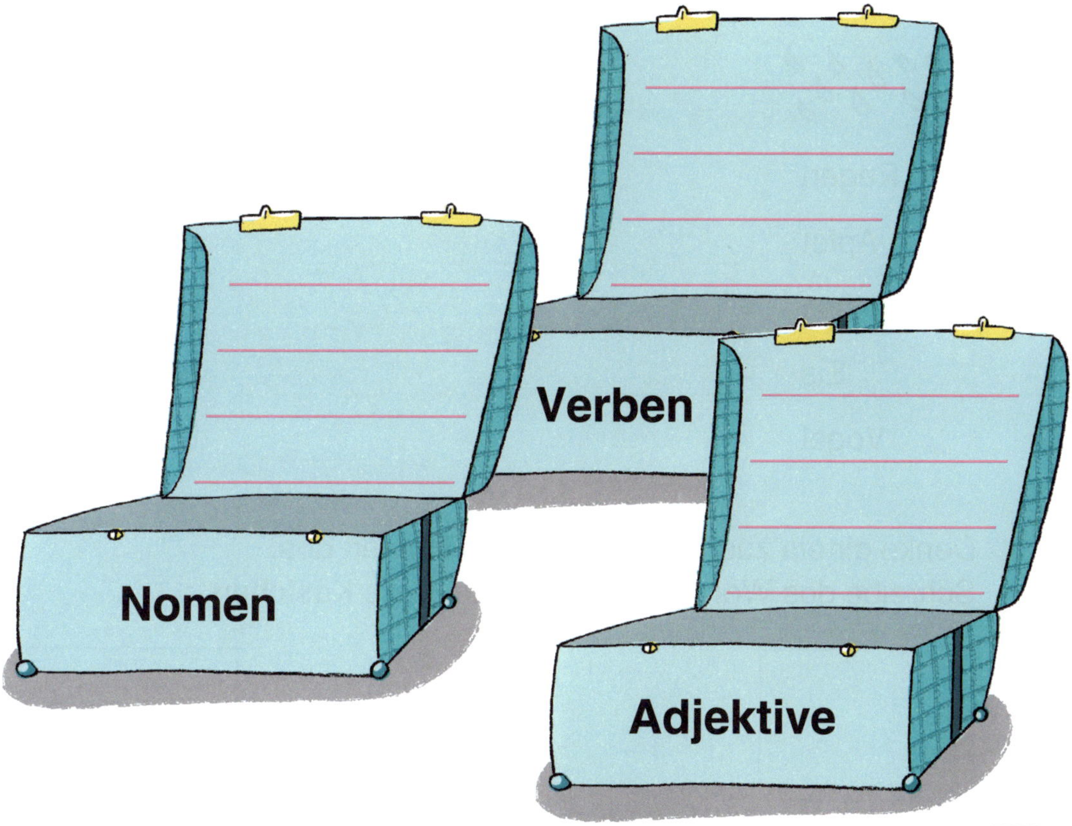

Verben

Nomen

Adjektive

korrigiert:

29

1 Du kannst zwei Wörter zu einem Wort zusammensetzen, z. B.

FEDER + BALL

= FEDERBALL

Du schreibst so:
der Federball.

2 Setze die Wörter zusammen. Schreibe so: der Regenwurm

Regen   Wurm

Apfel   Kuchen

Käse   Brot

Eis   Bär

Vogel   Nest

3 Denke dir ein zusammengesetztes Nomen aus.
Schreibe das Wort auf und zeichne in die Kästchen.

Märchen Haar Salat
~~Dose~~ Vogel Nudel Brot Käfig
Apfel Band ~~Blech~~ Buch Mus
Farbe Holz Bank Butter
Wasser Ecke Spiel

4 Welche Wörter kannst du zu einem Wort zusammensetzen?
Streiche aus und schreibe auf.

die Blechdose, _____

Vergiss den
Artikel nicht.

_____

_____

_____

_____

_____

_____

_____

5 Bilde zusammengesetzte Nomen.

der _____ ball   die _____ schuhe

der _____ ball   die _____ schuhe

der _____ ball   die _____ schuhe

korrigiert: ☐

31

1 Schreibe die Sätze auf.

backen

Die _____ .

spielt

Der _____ .

fährt

Das _____ .

2 Lies die Sätze. Schreibe die fehlenden Verben dazu.

Ich _____ ein Buch.

Du _____ ein Bild.

Die Blätter _____ auf den Boden.

Er _____ eine Zeitung.

Lea und Paul _____ im See.

Wir _____ ein Lied.

Die Katze _____ die Maus.

Lösungen Wörter-Stars 2

(zum Heraustrennen die mittlere Klammer lösen)

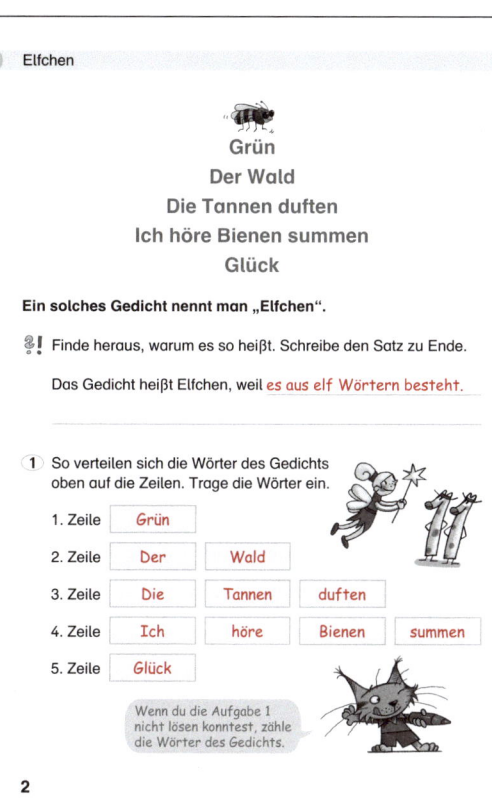

Grün

Der Wald

Die Tannen duften

Ich höre Bienen summen

Glück

Ein solches Gedicht nennt man „Elfchen".

Finde heraus, warum es so heißt. Schreibe den Satz zu Ende.

Das Gedicht heißt Elfchen, weil es aus elf Wörtern besteht.

---

1. So verteilen sich die Wörter des Gedichts oben auf die Zeilen. Trage die Wörter ein.

1. Zeile: Grün

2. Zeile: Der | Wald

3. Zeile: Die | Tannen | duften

4. Zeile: Ich | höre | Bienen | summen

5. Zeile: Glück

Wenn du die Aufgabe 1 nicht lösen konntest, zähle die Wörter des Gedichts.

2

---

2. Sieh das Elfchen von Seite 2 genau an und trage ein.

Ein Elfchen hat	fünf	Zeilen.
Die 1. Zeile hat	ein	Wort.
Die 2. Zeile hat	zwei	Wörter.
Die 3. Zeile hat	drei	Wörter.
Die 4. Zeile hat	vier	Wörter.
Die 5. Zeile hat	ein	Wort.

Auf diese Fragen antworten die Zeilen eines Elfchens:

1. Zeile: Wie ist es?
2. Zeile: Wer/was ist es?
3. Zeile: Was geschieht?
4. Zeile: Was geschieht außerdem?
5. Zeile: Welches Wort passt als Abschluss?

Im Gedicht von Seite 2 heißt die fünfte Zeile **Glück**.
Andere Möglichkeiten sind z.B.:

friedlich | schön | Sommer | Ferien

3. Lies das Elfchen von Seite 2 jetzt noch einmal. Möchtest du die fünfte Zeile verändern? Wähle ein Wort aus oder schreibe deine Idee in das leere Kästchen.

3

---

1. Zu welchem Thema möchtest du ein Elfchen schreiben? Wähle eines oder denke dir ein Thema aus. Schreibe ein Elfchen.

Sonne | Wiese | Luft | Berge

Wasser | Wolken | Frühling | Sommer

Herbst | Winter

Zeige dein Elfchen einem Erwachsenen.

2. Lies dein Gedicht. Überprüfe: Sind es elf Wörter? Stimmt die Anzahl der Wörter auf jeder Zeile?

3. Hast du die Fragen von Seite 3 beantwortet? Verändere die Zeilen, wenn nötig.

4

---

4. Hier kannst du weitere Elfchen schreiben. Denke dir Themen aus oder wähle von Seite 4.

Zeige deine Elfchen einem Erwachsenen.

5. Schmücke deine Elfchen mit Zeichnungen.

6. Du kannst ein Elfchen-Buch zusammenstellen.

5

1 Lies die Anfangsbuchstaben der beiden Gedichte von oben nach unten. Schreibe diese Wörter unter die Gedichte.

O MA
M AMA
A NRUFEN

B UNT
A LLE
L USTIG
L ACHEN

OMA

BALL

2 Nun kannst du dein eigenes Gedicht zu OMA schreiben. Suche dazu Wörter aus.

OSTERN   MIENE
AUGUST   OFFEN   OKAY   MITEINANDER
OHR   ABSCHIED   ALT   MORGENS   MINIGOLF
MÄRCHEN   OFT   ANTWORTEN   AUSRUFEN
ORDENTLICH   MASERN   ARZT
ANFANGEN

O _____
M _____
A _____

6

---

3 Suche zu jedem Buchstaben des Wortes **Klasse** ein bis zwei weitere Wörter und schreibe sie in die Kreise.

erleben
erklären Einmaleins
Erfolg   Experte   eng
Ende   essen   Erzieherin
erzählen   einsam
Experiment

kalt   kochen   klein
Keks   Kalender   klug
kennen   Kummer

K
L
A
S
S
E

singen
schwer   schnell
Spaß   sitzen   Stufe
Stifte   sieben   Schrift
Sommer   schreiben   Singular
Schrank   Sticker   spielen
sitzen   schneiden   super
schnell   Sportplatz   Sonne

lesen
leise   Laterne
lustig   Lob   leicht
Lehrerin   lieb   lernen
Lexikon   lernen

abfahren
auswählen   Auftritt
Abkürzung   aufregend
anrufen   Abc

4 Wähle zu jedem Buchstaben deine Lieblingswörter aus und markiere sie.

7

---

1 Schreibe nun dein KLASSE-Gedicht. Entscheide dich für je ein Wort.

K _____

L   *Zeige dein*

A   *Klasse-Gedicht*

S   *einem Erwachsenen.*

S _____

E _____

2 Schmücke dein Gedicht.

8

---

1 Zu welchem Wort möchtest du ein BUCHSTABEN-Gedicht schreiben? Wähle aus den Vorschlägen oder denke dir selbst ein Wort aus.

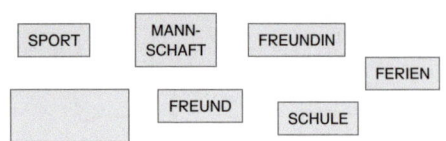

SPORT   MANN-SCHAFT   FREUNDIN

FERIEN

FREUND   SCHULE

2 Schreibe die Buchstaben deines Wortes untereinander. Ziehe Linien.

Zeige dein
Buchstaben-Gedicht
einem Erwachsenen.

3 Sammle Wörter zu den Buchstaben auf einem Extra-Blatt. Ergänze dann jeden Buchstaben mit einem Wort.

9

So viele Teesorten …

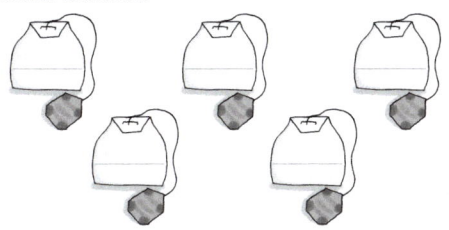

(1) Welche Teesorten kennst du? Schreibe sie in die Teebeutel.

(2) Welches ist dein Lieblingstee? Schreibe auf.

_____

(3) Kreuze an: Ich trinke Tee,

… wenn ich Schnupfen habe.	X
… wenn ich durstig bin.	X
… wenn ich ein Tor schieße.	
… wenn ich erkältet bin.	X
… wenn ich frühstücke.	X
… wenn ich dusche.	
… wenn ich friere.	X
… wenn ich schlafe.	

10

---

(1) Was brauche ich zum Teekochen? Markiere die Wörter.

> <u>Wasserkocher</u> – Messer – <u>Wasser</u> – Salz – <u>Teekanne</u> –
> <u>Uhr</u> – Marmelade – <u>Tellerchen</u> – Füller – <u>Teebeutel</u>

(2) Schreibe die passenden Wörter unter die Bilder.

Wasserkocher   Uhr   Teekanne

Tellerchen   Teebeutel   Wasser

Was mache ich zuerst?

 3    5   4

 6   2   1

(3) Stelle die richtige Reihenfolge her. Schreibe mit Bleistift die passenden Nummern in die Kreise.

11

> ~~Wasser in den Wasserkocher füllen~~ – Teebeutel in die Teekanne
> hängen – heißes Wasser in die Teekanne gießen –
> Uhr auf fünf Minuten stellen – Teebeutel herausnehmen –
> Teebeutel auf ein Tellerchen legen

Du weißt jetzt genau, was du zum Teekochen brauchst und in welcher Reihenfolge du es machen musst.

(1) Schreibe eine Anleitung zum Teekochen. Benutze die Ich-Form. Die Wörter oben können dir dabei helfen.

So koche ich Tee

1. Ich fülle Wasser in den Wasserkocher.

2. Ich hänge den Teebeutel in die Teekanne.

3. Ich gieße heißes Wasser in die Teekanne.

4. Ich stelle die Uhr auf fünf Minuten.

5. Ich nehme den Teebeutel heraus.

6. Ich lege den Teebeutel auf ein Tellerchen.

(2) Hast du die Ich-Form benutzt? Lies deine Anleitung genau.

12

---

(1) Dein Lieblingskuscheltier hat viel zu erzählen. Stelle ihm diese Fragen und schreibe die Antworten auf.

Wie heißt du?

_____

_____

Zeige die Antworten
deines Kuscheltiers
einem Erwachsenen.

Woher kommst du?

Was machst du,
wenn ich in der
Schule bin?

_____

_____

Was ist dein
größter Wunsch?

_____

_____

13

② Hast du noch andere Fragen an dein Kuscheltier?
Schreibe Frage und Antwort auf.

Zeige Fragen und Antworten einem Erwachsenen.

Ich heiße …

Ich komme …

Wenn ich allein bin …

Ich wünsche mir am meisten …

① Lies die Antworten deines Kuscheltiers auf den Seiten 13 und 14 noch einmal.

② Schreibe seine Geschichte. Benutze die Satzanfänge oben.

③ Male dein Kuscheltier in den Bildschirm.

Zeige deine Kuscheltiergeschichte einem Erwachsenen.

Geheimschriften

A	1
B	2
C	3
D	4
E	5
F	6
G	7
H	8
I	9
J	10
K	11
L	12
M	13
N	14
O	15
P	16
Q	17
R	18
S	19
T	20
U	21
V	22
W	23
X	24
Y	25
Z	26

① Bereite eine Geheimschrift vor.
Nummeriere dazu das Abc auf der linken Seite.

9 13 26 15 15   IM ZOO

5 14 20 5   ENTE

21 8 21   UHU

5 12 5 6 1 14 20   ELEFANT

20 9 7 5 18   TIGER

19 3 8 12 1 14 7 5   SCHLANGE

23 15 12 6   WOLF

1 6 6 5   AFFE

11 1 11 1 4 21   KAKADU

10 1 7 21 1 18   JAGUAR

7 9 18 1 6 6 5   GIRAFFE

② Knacke die Geheimschrift. Schreibe deine Lösungswörter auf die Linien.

✎❗ Denke dir selbst Wörter in dieser Geheimschrift aus. Lass sie von jemandem lösen.

③ Wie ist diese Geheimschrift entstanden?
Verwandle die Wörter in die richtige Schreibweise.

MUAB   LEFPA   TSNEPSEG

BAUM   APFEL   GESPENST

④ Wie heißen diese Wörter?
Verwandle sie in die richtige Schreibweise.

GUEZGULF =   FLUGZEUG

ESEIR =   RIESE

NRETS =   STERN

ELLIRBNENNOS =   SONNENBRILLE

⑤ Kannst du auch diesen Geheimtext knacken? Schreibe die Lösung auf.

ETARRE HCIM:
ENIEM ERAAH DNIS TOR. HCI EBAH NENIE NEFFA DNU NIE DREFP. HCI ENHOW NI RED ALLIV TNUBRETNUK.

ERRATE MICH: MEINE HAARE SIND ROT.

ICH HABE EINEN AFFEN UND EIN PFERD. ICH WOHNE

IN DER VILLA KUNTERBUNT. → Pippi Langstrumpf

So säe ich Kresse

Auf den Bildern siehst du, in welchen Schritten du Kresse säen kannst.

1 Schreibe die richtigen Nummern in die Kreise.

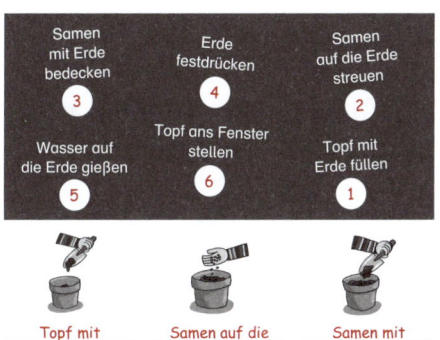

Samen mit Erde bedecken	Erde festdrücken	Samen auf die Erde streuen
3	4	2
Wasser auf die Erde gießen	Topf ans Fenster stellen	Topf mit Erde füllen
5	6	1

Topf mit Erde füllen	Samen auf die Erde streuen	Samen mit Erde bedecken
Erde festdrücken	Wasser auf die Erde gießen	Topf ans Fenster stellen

2 Beschrifte die Bilder mit den richtigen Wörtern.

18

3 Hier ist etwas durcheinander geraten. Lies die Sätze mindestens zweimal. Stelle die richtige Reihenfolge her. Schreibe mit Bleistift die richtigen Nummern in die Töpfchen.

 4   Ich drücke die Samen und die Erde vorsichtig fest.

 3   Ich bedecke die Samen mit Erde.

1   Ich fülle einen Topf mit Erde.

 5   Ich gieße etwas Wasser darüber.

 2   Ich streue einige Samen auf die Erde.

 6   Ich stelle den Topf mit Erde und Samen ans Fenster.

4 Kontrolliere Schritt für Schritt mit den Bildern auf Seite 18. Verändere die Nummern, wenn nötig.

19

Anleitung: So säe ich Kresse

zuerst   nun
danach   jetzt
zum Schluss

1 Diese Satzanfänge helfen dir beim Schreiben einer Anleitung. Schreibe die Anleitung mit den Sätzen von Seite 19 auf.

So säe ich Kresse z. B.

Zuerst fülle ich den Topf mit Erde. Nun streue ich einige Samen auf die Erde. Danach bedecke ich die Samen mit Erde. Jetzt drücke ich die Samen und die Erde vorsichtig fest. Danach gieße ich etwas Wasser darüber. Zum Schluss stelle ich den Topf mit Erde und Samen ans Fenster.

20

Beobachtungsblatt: So wächst Kresse

1 Säe Kresse und beobachte täglich, wie sie wächst.

2 Wenn du eine Veränderung bemerkst, fülle das Beobachtungsblatt aus.

- Notiere das Datum auf dem Topf.
- Zeichne die Veränderung ein.
- Schreibe einen Satz dazu auf die Linien.

 Datum: _____

 Datum: _____

 Datum: _____

21

Ein Rezept: Kressequark

(1) Lies das Rezept.

- 1 Becher Quark in eine Schüssel füllen
- etwas Salz zugeben
- 1 kleines Kännchen Milch in den Quark rühren
- Kresse abschneiden
- Kresse unter den Quark mischen
- den Quark mit etwas Kresse verzieren

Auf Seite 20 findest du Satzanfänge.

(2) Schreibe das Rezept in der Ich-Form auf.

Mein Kresserezept z.B.

Zuerst fülle ich einen Becher Quark in eine Schüssel.

Dann gebe ich etwas Salz dazu. Danach gebe ich ein kleines

Kännchen Milch in den Quark. Nun schneide ich Kresse ab.

Die Kresse mische ich unter den Quark. Zum Schluss

verziere ich den Quark mit etwas Kresse.

⁈! Kennst du noch andere Quarksorten? Gehe auf Entdeckung im Supermarkt und schreibe auf.

So schätze ich mich ein: Texte verfassen

(1) Lies dir die folgenden Punkte in Ruhe durch.

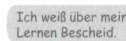

Ich weiß über mein Lernen Bescheid.

(2) Nimm die Seiten 2-22 zu Hilfe, wenn du einschätzen möchtest, ob du Texte verfassen kannst.

(3) Kreuze an, wie du deine Texte einschätzt.

Texte verfassen	♔	♔♔	♔♔♔	♔♔♔♔
1. Ich kann ein Elfchen schreiben.				
2. Ich kann ein Buchstaben-Gedicht schreiben.				
3. Ich kann etwas in einer Geheimschrift lesen und schreiben.				
4. Ich achte beim Schreiben auf die richtige Reihenfolge.				
5. Ich benutze unterschiedliche Satzanfänge.				
6. Ich kann ein Rezept schreiben.				

Oberbegriffe finden

Schere
Teddy
Klebstoff
Lineal
Eisenbahn
Füller

Puppe
Ball
Buch
Heft
Kasper
Legostein

(1) Verbinde die Wörter mit den Bildern.

(2) Bringe Ordnung in die Sachen. Trage ein. Streiche weg, was du eingetragen hast. Denke dir zu jedem Oberbegriff ein weiteres Wort aus. Schreibe es dazu.

Spielsachen
Teddy
Eisenbahn
Puppe
Ball
Kasper
Legostein

Schulsachen
Schere
Klebstoff
Lineal
Füller
Buch
Heft

---

(4) Schreibe die Werkzeuge in die Kiste und streiche sie aus.

~~Zange~~, ~~Bohrer~~, Gabel, ~~Säge~~, Löffel, ~~Feile~~, Kuchengabel, ~~Hammer~~, Messer, Eislöffel

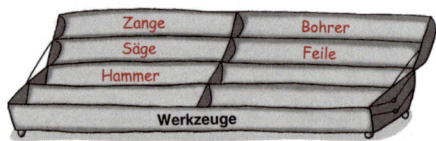

Zange · Bohrer
Säge · Feile
Hammer
Werkzeuge

(5) Schreibe die übrigen Wörter auf und finde einen Oberbegriff.

Besteck

Gabel, Löffel, Kuchengabel, Messer, Eislöffel

(6) Welches Wort gehört nicht dazu? Streiche durch.

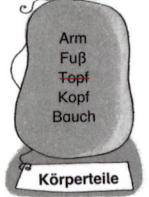

Arm
Fuß
~~Topf~~
Kopf
Bauch

Körperteile

Flöte
~~Feige~~
Trommel
Geige
Klavier

Musikinstrumente

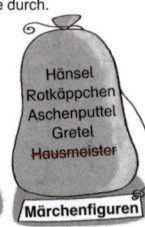

Hänsel
Rotkäppchen
Aschenputtel
Gretel
~~Hausmeister~~

Märchenfiguren

Namen – Nomen

1 Diese Menschen, Tiere, Pflanzen und Dinge haben Namen.
Verbinde die Bilder mit den richtigen Namen.

Samira

Lampe

Tulpe

Koch

Ameise

Schere

Hund

Alle Namen gehören zu
den Nomen.
Ich schreibe den ersten
Buchstaben groß.

2 Bei diesen Nomen fehlen die ersten Buchstaben. Setze ein.

der _E_ lefant, die _P_ alme, die _O_ ma, die _T_ asche,

der _B_ aum, der _L_ ehrer, die _K_ atze, die _K_ irsche

26

Verben

Verben beschreiben, was
getan wird oder passiert.

1 Lies halblaut. Setze nach jedem Verb einen Strich.

lesen|malen|baden|bellen|schwimmen|fahren

2 Was tun die Menschen und Tiere auf den Bildern?
Schreibe die Verben aus Aufgabe 1 unter die Bilder.

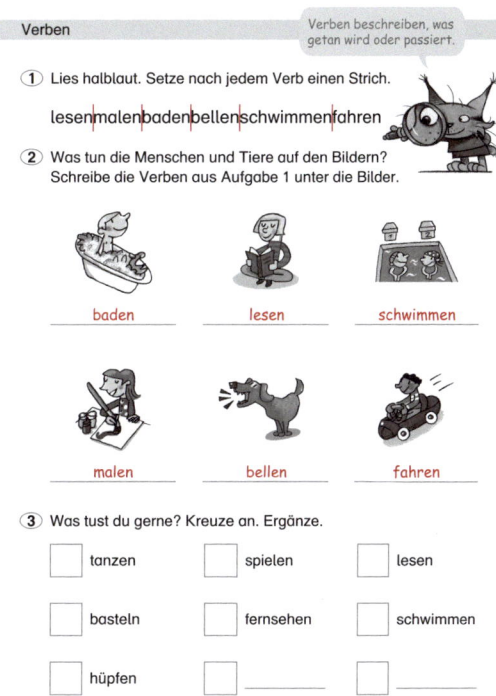

baden   _lesen_   _schwimmen_

malen   _bellen_   _fahren_

3 Was tust du gerne? Kreuze an. Ergänze.

☐ tanzen   ☐ spielen   ☐ lesen

☐ basteln   ☐ fernsehen   ☐ schwimmen

☐ hüpfen   ☐ _____   ☐ _____

27

Adjektive

Adjektive benennen
Eigenschaften, also wie
jemand oder etwas ist.

1 Lies halblaut. Setze nach jedem Adjektiv einen Strich.

klein|süß|schnell|heiß|langsam|groß|sauer|kalt

2 Beantworte jede Frage mit einem Adjektiv aus Aufgabe 1.

• Wie ist die Schokolade?   _süß_

• Wie ist der Zwerg?   _klein_

• Wie ist der Riese?   _groß_

• Wie ist das Eis?   _kalt_

• Wie ist das Rennauto?   _schnell_

• Wie ist die Zitrone?   _sauer_

• Wie ist die Schnecke?   _langsam_

• Wie ist das Feuer?   _heiß_

3 Jeweils zwei Adjektive aus Aufgabe 1 bilden Gegenteile.
Schreibe die Wortpaare hier auf.

süß	und	_sauer_
klein	und	_groß_
kalt	und	_heiß_
schnell	und	_langsam_

28

Wörter ordnen

1 Welche Wörter gehören zu den Oberbegriffen in die Kisten?
Verbinde.

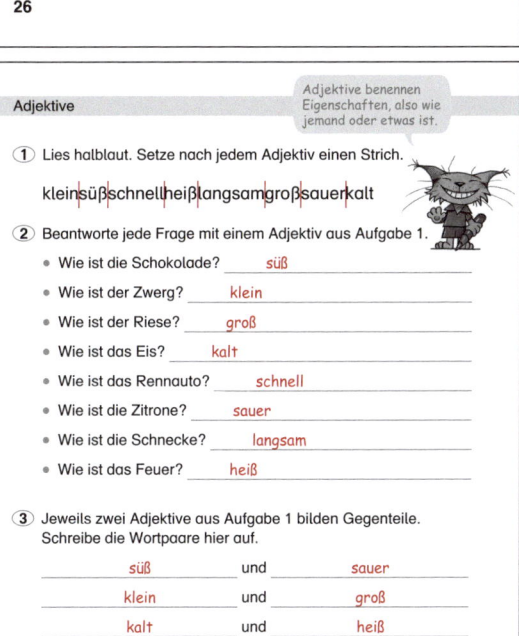

reif   fressen

Tulpe   haarig

keimen   Hamster

grün   blühen

Tiere   Ameise   Hafer   **Pflanzen**

flauschig   krabbeln

2 Ordne die Wörter aus Aufgabe 1 in die passenden Kisten.

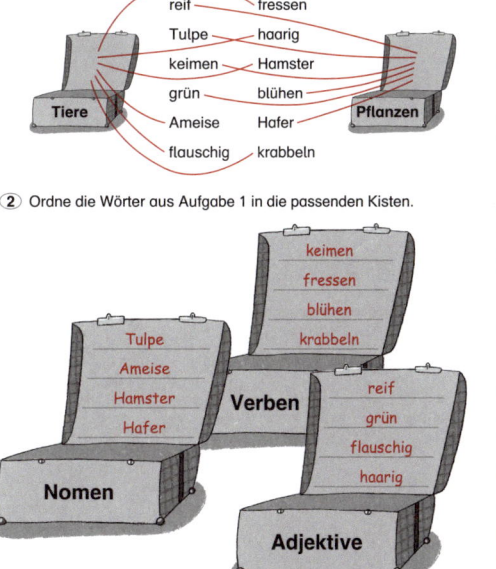

keimen
fressen
blühen
krabbeln

Tulpe
Ameise
Hamster   **Verben**
Hafer

reif
grün
flauschig
haarig

Nomen

Adjektive

29

① Du kannst zwei Wörter zu einem Wort zusammensetzen, z. B.

     FEDER + BALL

= FEDERBALL

Du schreibst so:
der Federball.

② Setze die Wörter zusammen. Schreibe so: der Regenwurm

	der Regenwurm	
Regen		Wurm
Apfel	der Apfelkuchen	Kuchen
Käse	das Käsebrot	Brot
Eis	der Eisbär	Bär
Vogel	das Vogelnest	Nest

③ Denke dir ein zusammengesetztes Nomen aus.
Schreibe das Wort auf und zeichne in die Kästchen.

Märchen Haar Salat
~~Dose~~ Vogel Nudel Brot Käfig
Apfel Band ~~Blech~~ Buch Mus
Farbe Holz Bank Butter
Wasser Ecke Spiel

④ Welche Wörter kannst du zu einem Wort zusammensetzen?
Streiche aus und schreibe auf.

die Blechdose,

Vergiss den
Artikel nicht.

das Märchenbuch, das Haarband,

der Nudelsalat, die Holzbank,

die Spielecke, der Vogelkäfig, das Apfelmus,

die Wasserfarbe, das Butterbrot

⑤ Bilde zusammengesetzte Nomen.

z. B.			z. B.		
der	Spiel	ball	die	Winter	schuhe
der	Wasser	ball	die	Haus	schuhe
der	Fuß	ball	die	Straßen	schuhe

30

31

---

① Schreibe die Sätze auf.

     backen

Die Kinder backen Kuchen   .

     spielt

Der Junge spielt Ball   .

     fährt

Das Mädchen fährt Fahrrad   .

② Lies die Sätze. Schreibe die fehlenden Verben dazu.

Ich	lese	ein Buch.
Du	malst	ein Bild.
Die Blätter	fallen	auf den Boden.
Er	liest	eine Zeitung.
Lea und Paul	schwimmen	im See.
Wir	singen	ein Lied.
Die Katze	fängt	die Maus.

③ Lies halblaut. Trenne die Sätze durch einen Strich.
Schreibe sie auf. Achte auf die Großschreibung.

lea und paul spielen|paul ruft lea

Lea und Paul spielen.

Paul ruft Lea.

lea versteckt sich|endlich findet er lea|jetzt muss lea paul
suchen

Lea versteckt sich.

Endlich findet er Lea.

Jetzt muss Lea Paul suchen.

32

33

1 Wo hörst du den Laut?

S →

| X | | | | | | X | | X | | |

K →

| X | | | | X | | |

E →

| | | X | | | X | | |

T →

| | X | | | X | | | |

U →

| X | | | | X | | |

---

2 Ein Buchstabe für jeden Laut: Male für jeden Laut, den du hörst, einen Punkt. Schreibe das Wort dazu.

Beispiel: ● ● ● Oma

● ● ● ● Hase

● ● ● ● Ente

● ● ● Wal

● ● ● ● Rose

● ● ● ● Lupe

● ● ● ● Sofa

● ● ● ● Nase

● ● ● ● ● Kamel

● ● ● ● ● ● Rakete

● ● ● ● ● ● Tomate

● ● ● ● ● ● Banane

● ● ● ● ● ● ● Telefon

---

3 Wie viele Laute hörst du? Verbinde das Bild mit den passenden Punkten. Schreibe das Wort dazu.

● ● ●

● ● ● ●

● ● ●

● ● ● ● ● ●

● ● ● ● ●

● ● ● ● ●

● ● ● ● ● ● ●

Opa

Lampe

Ananas

Rose

Hut

Dose

Paket

Elefant

Vokale – Silben

In jeder Silbe steckt ein Vokal.

1 Ergänze die Vokale. Male die Silbenbögen dazu.

Beispiel: S ch u l e

H e f t

T a f e l

P i n s e l

Kl e b e r

Fr o sch

K o ff e r

Sch o k o l a d e

B a n a n e

2 Verbinde das Bild mit den passenden Silbenbögen. Schreibe das Wort dazu.

a e e Kalender

i Tisch

e e e Fernseher

u e e e Suppenteller

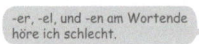

-er, -el, und -en am Wortende höre ich schlecht.

① Am Ende sind immer zwei Buchstaben gleich. Kreise die beiden Buchstaben ein. Zeichne die Silbenbögen dazu. Markiere die Vokale.

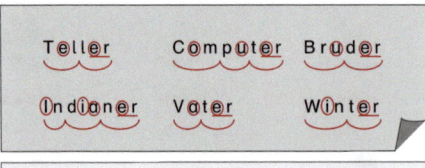

Teller   Computer   Bruder

Indianer   Vater   Winter

Vogel   Schnabel   Igel

Nagel   Gabel   Pinsel

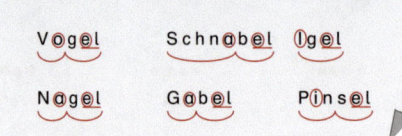

sagen   kochen   rufen

geben   essen   holen

② Finde für jeden Kasten zwei weitere Wörter. Schreibe sie dazu.

38

Wörter mit ie

① Sprich deutlich.

Ich spreche in diesen Wörtern ein langes i. Ich schreibe es ie.

② Schreibe hier die Wörter aus Aufgabe 1 mit Artikel auf. Markiere das ie in jedem Wort gelb.

die Fliege   der Riese
die Biene   das Sieb
die Ziege   die Wiege

③ Suche alle Wörter zur Wortfamilie spiel. Markiere ie gelb.

g	z	g	e	s	p	i	e	l	t	z	ä	Ü
Ü	S	p	i	e	l	d	w	P	l	q	u	N
m	B	r	e	t	t	s	p	i	e	l	a	E
s	p	i	e	l	e	n	C	R	w	b	d	B
x	S	p	i	e	l	z	e	u	g	B	K	o

gespielt
Spiel
Brettspiel
spielen
Spielzeug

In allen diesen Wörtern spreche ich ein i.

Dieses i wird **lang** gesprochen.

Ein langes i schreibe ich meist als **ie**.

39

Wortfamilien helfen – Umlaute

① Male die Wörter, die zu einer Wortfamilie gehören, mit der gleichen Farbe an.

der Hut   der Baum   der Ast   das Korn
die Bäume   die Hüte   die Äste
die Körner

② Verwandle diese Wörter mit Hilfe von ä, ö, ü und äu.

eine Hand → viele   Hände
ein Rock → viele   Röcke
ein Haus → viele   Häuser
ein Land → viele   Länder
ein Kuss → viele   Küsse
ein Loch → viele   Löcher

③ Überlege, wie der Wortverwandte heißt. Ergänze die Wörter.

viele B **ä** nder → das Band → viele **Bänder**

viele M **äu** se → die Maus → viele **Mäuse**

viele Z **äu** ne → der Zaun → viele **Zäune**

viele Z **ä** hne → der Zahn → viele **Zähne**

40

Wortfamilien helfen – d oder t?

① Male die Wörter, die zu einer Wortfamilie gehören, mit der gleichen Farbe an.

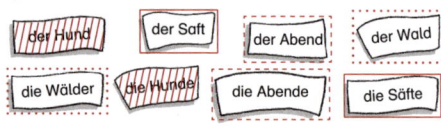

der Hund   der Saft   der Abend   der Wald
die Wälder   die Hunde   die Abende   die Säfte

② d oder t? Verbinde die passenden Wortverwandten und ergänze die fehlenden Buchstaben.

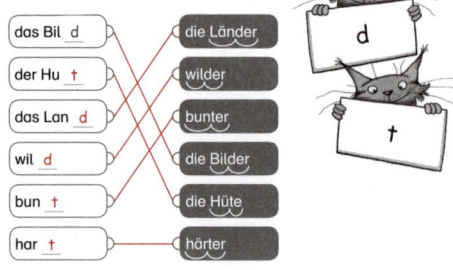

das Bil **d**   die Länder
der Hu **t**   wilder
das Lan **d**   bunter
wil **d**   die Bilder
bun **t**   die Hüte
har **t**   härter

d

t

③ Überlege, wie der Wortverwandte heißt. Ergänze die Wörter.

das Bro **t** → die Brote → das Brot

der Hel **d** → die Helden → der Held

41

① Sprich deutlich und achte auf den Wortanfang.

Ich spreche und höre scht.
Ich sehe und schreibe St oder st.

② Schreibe die Wörter aus Aufgabe 1 mit ihrem Artikel auf.

der Stern	der Stift
der Stempel	der Stau
der Storch	der Stein

③ Hier fehlt immer St oder st. Setze die Buchstaben ein. Lies die Wörter einem Partner vor.

das __St__ roh	__st__ umm	__st__ olz
der __St__ all	__st__ ehlen	__st__ rampeln
die __St__ iefel	__st__ ampfen	__st__ echen
die __St__ rümpfe	__st__ oßen	__st__ ürzen

① Sprich deutlich und achte auf den Wortanfang.

Ich spreche und höre schp.
Ich sehe und schreibe Sp oder sp.

② Markiere die Wörter aus Aufgabe 1 farbig.

T	r	u	S	p	a	W	l	n	o	S	v	c	S	i	h
e	s	S	p	r	i	t	z	e	p	r	o	u	S	e	m
H	S	p	i	n	n	e	K	b	e	x	O	j	p	b	u
u	F	g	e	l	S	p	r	i	n	g	s	e	i	l	B
l	o	R	g	i	z	m	D	v	p	k	t	r	e	u	s
h	p	l	e	l	S	p	a	r	d	o	s	e	l	g	G
p	u	m	l	r	r	R	E	f	r	g	N	u	r	e	i

③ Schreibe zu den Nomen aus Aufgabe 2 Verben.

die Spritze – spritzen	die Spardose – sparen
der Spiegel – spiegeln	das Spiel – spielen
die Spinne – spinnen	das Springseil – springen

Wörter, vor die ich einen Artikel setzen kann, werden groß geschrieben.

① Schreibe die Namen der Dinge mit ihrem Artikel.

das Schaf	der Stift	der Baum

das Ohr	der Mann	die Birne

② Finde den passenden Artikel: der, die oder das.

__der__ Bär	__das__ Mädchen	__die__ Tulpe
__die__ Freude	__der__ Löwe	__der__ Onkel
__das__ Gras	__der__ Koch	__die__ Idee
__die__ Geburtstagsfeier		__der__ Autounfall

③ Finde zu jedem Artikel zwei Nomen. Schreibe sie auf.

der ____   die ____   das ____

④ Achte auf den Satzanfang. Markiere alle Großbuchstaben am Satzanfang.

Ⓗamster sind Nagetiere. Ⓔs gibt ganz unterschiedliche Hamsterarten. Ⓢehr bekannt sind Goldhamster. Ⓐlle Hamster sind nachtaktiv. Ⓓeshalb brauchen die tagsüber viel Ruhe. Ⓗamster lieben aber auch Bewegung. Ⓢie brauchen Beschäftigung, damit ihnen nicht langweilig wird.

⑤ Verbessere die Satzanfänge.

Geckos
~~geckos~~ sind kleine Echsen.

Sie
~~sie~~ können zwischen 4 und 40 cm groß werden.

Auch
~~auch~~ Geckos sind nachtaktiv.

Es
~~es~~ gibt sie schon seit über 50 Millionen Jahren.

Alle
~~alle~~ Geckos habe eine empfindliche Haut.

Willst du mehr über Hamster, Geckos oder andere Tiere wissen? Im Internet findest du viele interessante Seiten.

1 Lies halblaut.

die (V)ase – (v)oll – der (V)ampir – (v)or – der (V)ulkan

der (V)ater – die (V)anille – (v)iel – der (V)okal – (v)om

die (V)illa – (v)on – (v)ier – der (V)ogel

> V/v klingt manchmal wie f und manchmal wie w.

2 Markiere das V/v in Aufgabe 1 rot.

3 Schreibe die Wörter aus Aufgabe 1 passend zum Klang in den Vogel oder in den Vulkan.

voll, vor,
der Vater, viel,
vom, vier,
der Vogel, brav

die Vase,
der Vampir,
der Vulkan,
die Vanille, der Vokal,
die Villa, der November,
das Klavier, die Lava

4 Auch bei diesen Wörtern fehlt ein V oder v. Ergänze und trage sie auch bei Aufgabe 3 ein.

der No _v_ ember   bra _v_   das Kla _v_ ier   die La _v_ a

1 Lies halblaut.

(1) die Stra(ß)e – (2) der Fu(ß) – (3) der Gru(ß) – (4) der Strau(ß)

(5) gie(ß)en – (6) flie(ß)en – (7) sto(ß)en – (8) schie(ß)en – (9) gro(ß)

2 Markiere das ß in Aufgabe 1 mit rot.

> Ein ß steht immer nur nach langen Vokalen.

3 Schreibe die Wörter aus Aufgabe 1 passend in das Wortgitter.

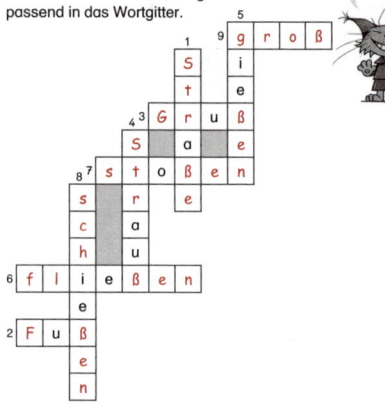

4 Decke die Wörter mit ß ab. Schreibe so viele wie möglich aus dem Gedächtnis auf ein extra Blatt.

Grammatik	👑	👑👑	👑👑👑	👑👑👑👑
1. Ich kann Oberbegriffe finden.				
2. Ich schreibe Nomen groß.				
3. Ich kenne Verben.				
4. Ich kenne Adjektive.				
5. Ich kann Wörter nach Oberbegriffen ordnen.				
6. Ich kann zusammengesetzte Nomen bilden.				
7. Ich schreibe einfache Sätze.				
8. Ich kann Satzgrenzen erkennen.				

1 Lies dir die Punkte zu Grammatik und zu Rechtschreibung in Ruhe durch.

> Ich weiß über mein Lernen Bescheid.

2 Kreuze an, wie du dich einschätzt.

Rechtschreibung	👑	👑👑	👑👑👑	👑👑👑👑
1. Ich kann für jeden Laut, den ich höre, einen Buchstaben schreiben.				
2. Ich schreibe in jeder Silbe mindestens einen Vokal.				
3. Ich kann -er, -el und -en am Wortende richtig schreiben.				
4. Ich kann Wörter mit ä, ö, ü, au richtig schreiben.				
5. Ich kann Wörter mit d und t am Wortende richtig schreiben.				
6. Ich schreibe Nomen groß.				
7. Ich schreibe Satzanfänge groß.				

(1) **ABC-Pferdewettkampf**
Fahre mit einem Bleistift fünf Mal den Weg durch die
Hindernisse nach. Fahre gleichmäßig schnell und sprich die
Buchstabennamen, an denen du vorbeikommst, mit.

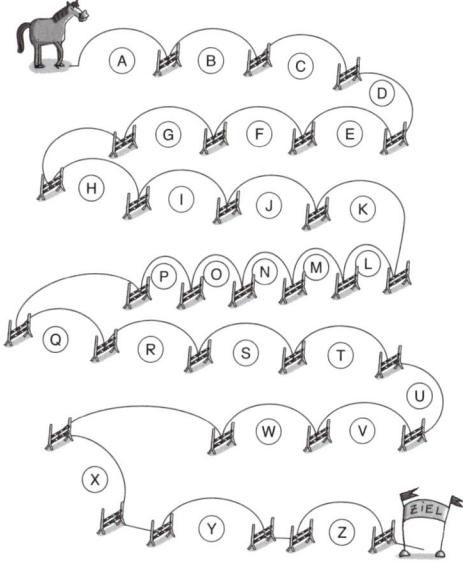

(2) **ABC-Autorennen**
Fahre mit einem Bleistift fünf Mal den Weg durch die
Rennstrecke nach. Fahre gleichmäßig schnell und sprich die
Buchstaben, an denen du vorbeikommst, mit.

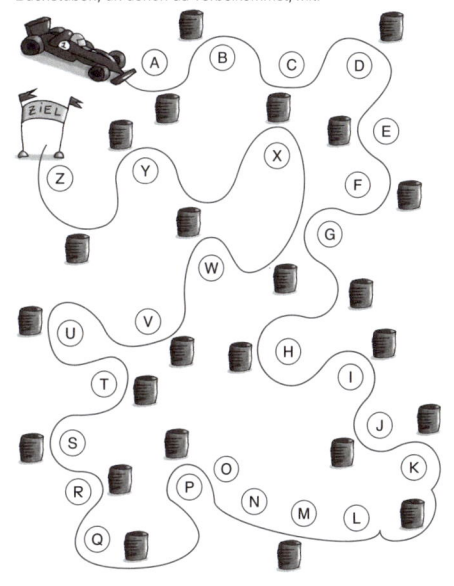

50

51

(1) Verbinde die Buchstaben des ABC.
Schreibe dazu, was entstanden ist.

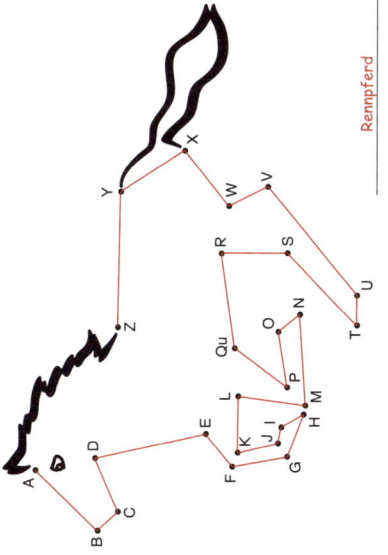

Rennpferd

(2) Verbinde die Buchstaben des ABC.
Schreibe dazu, was entstanden ist.

Rennwagen

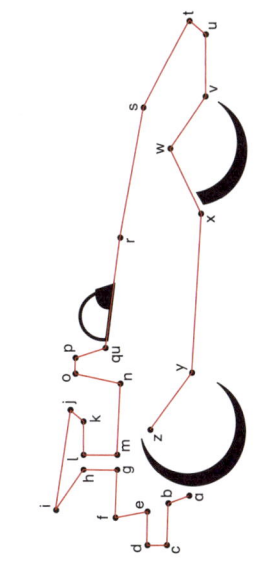

52

53

① Schreibe die fehlenden Buchstaben in die Bausteine. Sprich mit.

A B C D E F G

H I J K

L M N O P

Qu R S T U V W

X Y Z

② Welche Buchstaben fehlen? Ergänze die Nachfolger und die Vorgänger. Decke vorher die linke Seite ab.

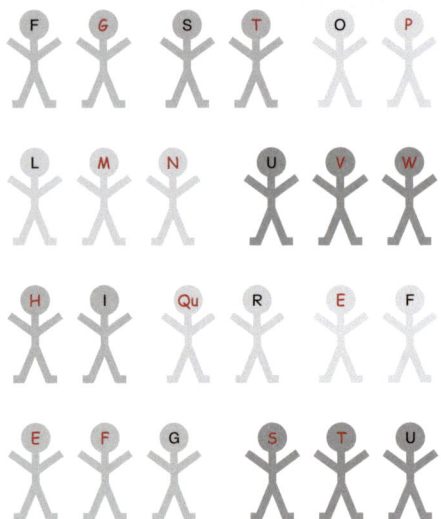

F G S T O P

L M N U V W

H I Qu R E F

E F G S T U

54

55

① Ordne die Namen in die ABC-Liste ein.

A	Anna	N	Nele
B	Ben	O	Orhan
C	Clara	P	Paul
D	David	Qu	Quirin
E	Emma	R	Rabia
F	Finn	S	Sofia
G	Gökhan	T	Tim
H	Hanna	U	Ulf
I	Ibrahim	V	Vera
J	Jonas	W	Wladimir
K	Kevin	X	Xenia
L	Leon	Y	Yasemin
M	Mia	Z	Zeki

Rabia, Mia, Wladimir, Ben, Emma, Yasemin, Leon, Hanna,
Gökhan, Anna, Finn, Orhan, Jonas, Ibrahim, Kevin, Paul,
Xenia, Sofia, Nele, Tim, Clara, David, Zeki, Vera, Ulf, Quirin

② Sortiere nach dem ABC. Kontrolliere mit dem ABC am Rand.

Streichelzoo

Hamster

Kaninchen

Schaf

Ziege

Afrika-Gehege

Affe

Büffel

Elefant

Giraffe

Löwe

Nashorn

Strauß

Zebra

A B C D E F G H I J K L M N O P Q R S T U V W X Y Z

56

57

① Die Namen dieser Tiere und Dinge sind schwierig zu schreiben.
Schlage sie im Wörterbuch nach und schreibe sie auf.

der Fuchs

das Huhn

die Katze

das Xylofon

der Computer

58

---

① Löse die Wörterbuch-Rätsel

Finde ein Tier mit Qu und schreibe es auf.

_____

Schreibe das erste Wort mit dem Anfangsbuchstaben „F f" auf.

_____

Schreibe zwei Tiere mit „W" auf, die im Wörterbuch stehen.

_____

Schreibe ein langes und ein kurzes Wort mit dem
Anfangsbuchstaben „Z z" auf.

_____

Schreibe vier Nomen mit dem Anfangsbuchstaben „L" auf.

_____ Zeige deine Wörter

_____ einem Erwachsenen.

Auf welcher Seite steht das erste Wort mit dem
Anfangsbuchstaben „S s"?

_____

② Erfinde mit einem Freund oder einer Freundin weitere
Suchrätsel und lasst sie von jemandem lösen.

59

---

① Markiere den 2. Buchstaben der Wörter im Kasten.

② Ordne die Wörter in die Liste ein.

E a _____
E b ene
E c ke
E d elstein
E e _____
E f _____
e g al
e h rlich
E i chhörnchen
E j _____
e k eln
E l tern
e m pfangen
E n de
E o _____
E p _____
E qu _____
e r innern
e s sen
…

ekeln
Edelstein
erinnern
Ende
~~Ebene~~
ehrlich
egal
essen
Eichhörnchen
Eltern
Ecke
empfangen

60

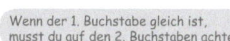

Wenn der 1. Buchstabe gleich ist,
musst du auf den 2. Buchstaben achten.

③ Markiere den 2. Buchstaben der Wörter.

④ Ordne die Wörter nach dem ABC und schreibe sie
auf die Linien.

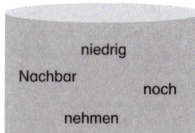

niedrig
Nachbar
noch
nehmen

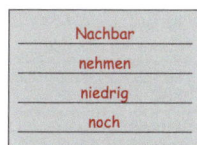

Nachbar
nehmen
niedrig
noch

Tafel
teilen
Theater
Tier
toll
träumen

Tafel
teilen
Theater
Tier
toll
träumen

61

Die Kinder der Klasse 2a haben Obst und Gemüse mitgebracht.

① Ordne die Wörter nach dem ABC. Achte auf den 2. Buchstaben.

Ananas	Kohlrabi
Apfel	Paprika
Banane	Pfirsich
Birne	Tomate
Blumenkohl	Trauben
Karotte	Zitrone
Kiwi	Zwiebel

Ein Kind der Klasse 2a schreibt ins Klassentagebuch.

① Lies den Text.

1. Oktober

Heute haben wir über Obst und Gemüse

gesprochen. Wir haben Suppe und Obstsalat

gemacht. Jeder hatte für die Suppe einen

Teller _____ dabei. Meine Mutter _____

hat mir zwei Äpfel _____ und eine

Tomate _____ mitgegeben. Mit der Suppe

habe ich mir den Mund _____ verbrannt,

weil sie so heiß _____ war. Damit der Obstsalat

richtig süß schmeckt, haben wir etwas

Zucker _____ dazugetan.

② Hilf dem Kind, die schwierigen Wörter richtig zu schreiben.
Schlage dazu im Wörterbuch nach.

Nachschlagen	👑	👑👑	👑👑👑	👑👑👑👑
1. Ich kann das ABC auswendig aufsagen.				
2. Ich kann Wörter nach dem ABC ordnen.				
3. Ich kann Wörter im Wörterbuch finden.				

① Lies dir die Punkte in Ruhe durch.

② Kreuze an, wie du dich einschätzt.

Ich weiß über mein Lernen Bescheid.

Tschüss

3 Lies halblaut. Trenne die Sätze durch einen Strich.
Schreibe sie auf. Achte auf die Großschreibung.

lea und paul spielen paul ruft lea

_____

_____

lea versteckt sich endlich findet er lea jetzt muss lea paul
suchen

_____

_____

_____

korrigiert: ☐

1 Wo hörst du den Laut?

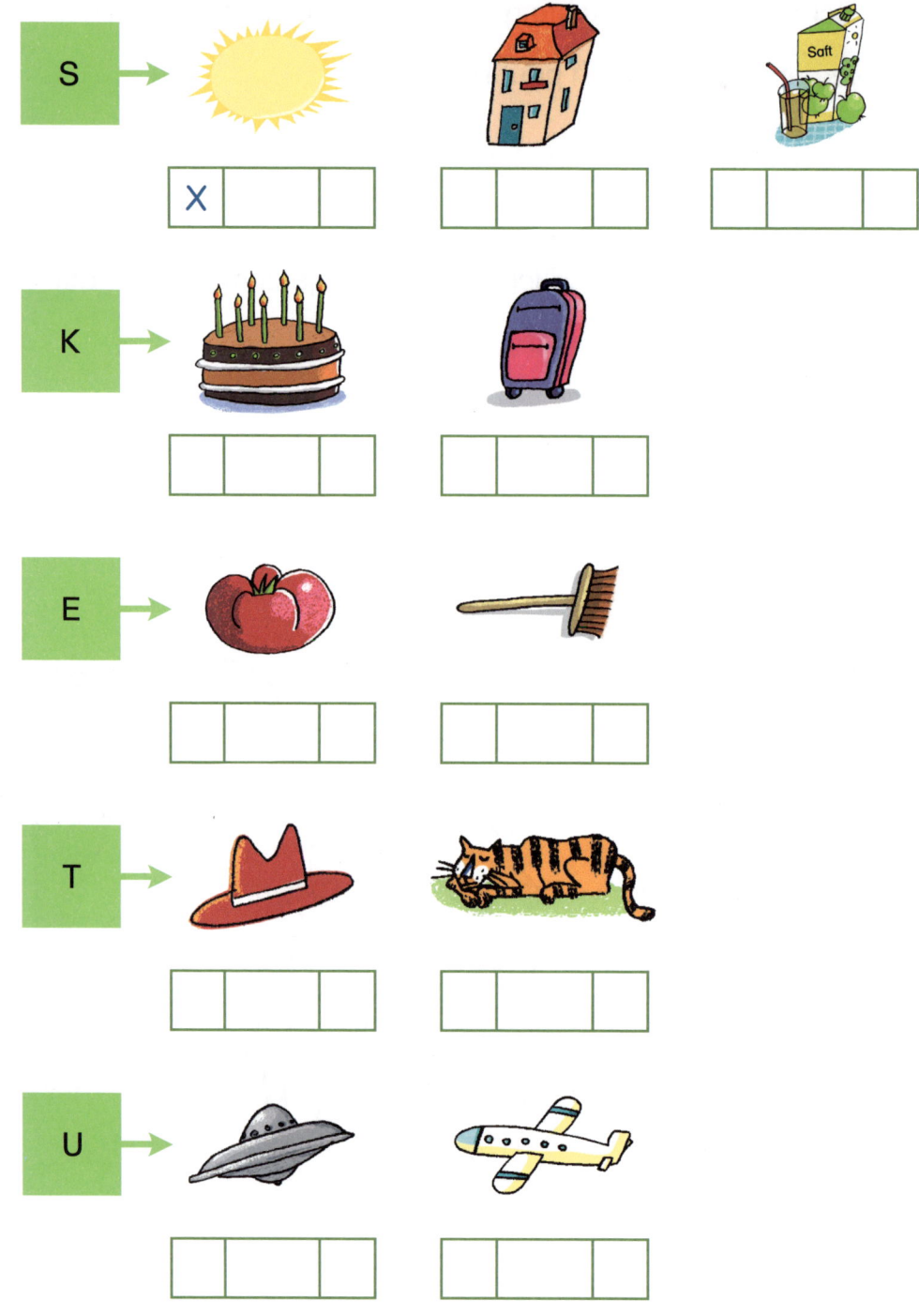

2. Ein Buchstabe für jeden Laut: Male für jeden Laut, den du hörst, einen Punkt. Schreibe das Wort dazu.

Beispiel:  ● ● ● Oma

3 Wie viele Laute hörst du? Verbinde das Bild mit den passenden
Punkten. Schreibe das Wort dazu.

korrigiert: ☐

36

In jeder Silbe steckt ein Vokal.

1 Ergänze die Vokale.
Male die Silbenbögen dazu.

Beispiel: S c h <u>u</u> l <u>e</u>

 H __ f t

  T __ f __ l

 P __ n s __ l

 K l __ b __ r

 F r __ s c h

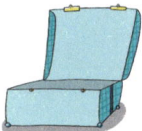 K __ f f __ r

 S c h __ k __ l __ d __

 B __ n __ n __

2 Verbinde das Bild mit den passenden Silbenbögen.
Schreibe das Wort dazu.

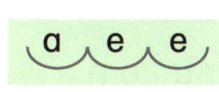 a e e

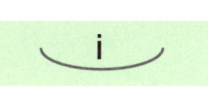 i

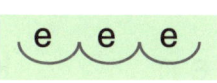 e e e

 u e e e

_____   _____   _____   _____

korrigiert: ☐

-er, -el, und -en am Wortende
höre ich schlecht.

1 Am Ende sind immer zwei Buchstaben gleich. Kreise die beiden
Buchstaben ein. Zeichne die Silbenbögen dazu. Markiere die
Vokale.

Teller   Computer   Bruder

Indianer   Vater   Winter

Vogel   Schnabel   Igel

Nagel   Gabel   Pinsel

sagen   kochen   rufen

geben   essen   holen

2 Finde für jeden Kasten zwei weitere Wörter. Schreibe sie dazu.

korrigiert: ☐

1 Sprich deutlich.

Ich spreche in diesen
Wörtern ein langes i.
Ich schreibe es ie.

2 Schreibe hier die Wörter aus Aufgabe 1 mit Artikel auf.
Markiere das ie in jedem Wort gelb.

_____   _____

_____   _____

_____   _____

3 Suche alle Wörter zur Wortfamilie spiel . Markiere ie gelb.

g	z	g	e	s	p	i	e	l	t	z	ä	Ü
Ü	S	p	i	e	l	d	w	P	l	q	u	N
m	B	r	e	t	t	s	p	i	e	l	a	E
s	p	i	e	l	e	n	C	R	w	b	d	B
x	S	p	i	e	l	z	e	u	g	B	K	o

_____

_____

_____

_____

_____

?! In allen diesen Wörtern spreche ich ein ⬭.

Dieses ⓘ wird _____ gesprochen.

Ein langes ⓘ schreibe ich meist als _____ .

korrigiert: ☐

1 Male die Wörter, die zu einer Wortfamilie gehören, mit der gleichen Farbe an.

der Hut
der Baum
der Ast
das Korn
die Bäume
die Hüte
die Äste
die Körner

2 Verwandle diese Wörter mit Hilfe von **ä**, **ö**, **ü** und **äu**.

eine Hand → viele ___Hände___

ein Rock → viele _____

ein Haus → viele _____

ein Land → viele _____

ein Kuss → viele _____

ein Loch → viele _____

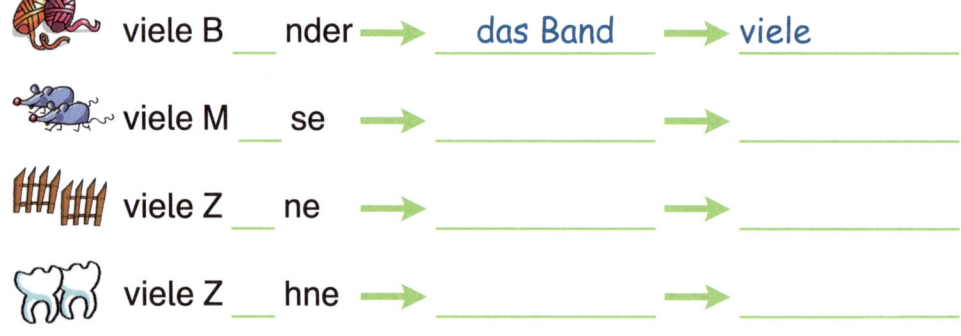

3 Überlege, wie der Wortverwandte heißt. Ergänze die Wörter.

viele B __ nder → das Band → viele _____

viele M __ se → _____ → _____

viele Z __ ne → _____ → _____

viele Z __ hne → _____ → _____

korrigiert: ☐

1 Male die Wörter, die zu einer Wortfamilie gehören, mit der gleichen Farbe an.

der Hund

der Saft

der Abend

der Wald

die Wälder

die Hunde

die Abende

die Säfte

2 **d** oder **t**? Verbinde die passenden Wortverwandten und ergänze die fehlenden Buchstaben.

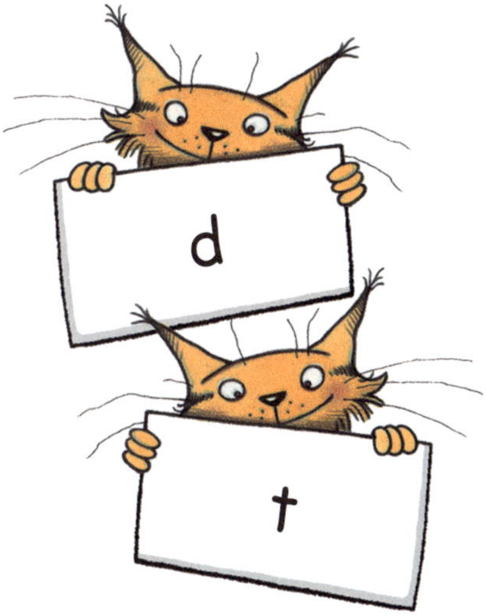

das Bil _d_

der Hu __

das Lan __

wil __

bun __

har __

die Länder

wilder

bunter

die Bilder

die Hüte

härter

d

t

3 Überlege, wie der Wortverwandte heißt. Ergänze die Wörter.

das Bro __ ⟶ _____ ⟶ _____

der Hel __ ⟶ _____ ⟶ _____

korrigiert: ☐

41

1 Sprich deutlich und achte auf den Wortanfang.

Ich spreche und
höre scht.
Ich sehe und
schreibe St oder st.

2 Schreibe die Wörter aus Aufgabe 1 mit ihrem Artikel auf.

_____   _____

_____   _____

_____   _____

3 Hier fehlt immer St oder st. Setze die Buchstaben ein.
Lies die Wörter einem Partner vor.

das	___ roh	___ umm	___ olz
der	___ all	___ ehlen	___ rampeln
die	___ iefel	___ ampfen	___ echen
die	___ rümpfe	___ oßen	___ ürzen

korrigiert: ☐

42

1 Sprich deutlich und achte auf den Wortanfang.

Ich spreche und
höre schp.
Ich sehe und
schreibe Sp oder sp.

2 Markiere die Wörter aus Aufgabe 1 farbig.

T	r	u	S	p	a	W	l	n	o	S	v	c	S	i	h
e	s	S	p	r	i	t	z	e	p	r	o	u	S	e	m
H	S	p	i	n	n	e	K	b	e	x	O	j	p	b	u
u	F	g	e	l	S	p	r	i	n	g	s	e	i	l	B
l	o	R	g	i	z	m	D	v	p	k	t	r	e	u	s
h	p	l	e	l	S	p	a	r	d	o	s	e	l	g	G
p	u	m	l	r	r	R	e	f	r	g	N	u	r	e	i

3 Schreibe zu den Nomen aus Aufgabe 2 Verben.

die Spritze – spritzen

_____   _____

_____   _____

korrigiert: ☐

Wörter, vor die ich einen Artikel setzen kann, werden groß geschrieben.

1 Schreibe die Namen der Dinge mit ihrem Artikel.

_____   _____   _____

_____   _____   _____

2 Finde den passenden Artikel: der, die oder das.

_____ Bär   _____ Mädchen   _____ Tulpe

_____ Freude   _____ Löwe   _____ Onkel

_____ Gras   _____ Koch   _____ Idee

_____ Geburtstagsfeier   _____ Autounfall

3 Finde zu jedem Artikel zwei Nomen. Schreibe sie auf.

der _____   die _____   das _____

4 Achte auf den Satzanfang.
Markiere alle Großbuchstaben am Satzanfang.

Hamster sind Nagetiere. Es gibt ganz

unterschiedliche Hamsterarten. Sehr bekannt

sind Goldhamster. Alle Hamster sind nachtaktiv.

Deshalb brauchen die tagsüber viel Ruhe.

Hamster lieben aber auch Bewegung. Sie brauchen

Beschäftigung, damit ihnen nicht langweilig wird.

5 Verbessere die Satzanfänge.

Geckos
_____

~~geckos~~ sind kleine Echsen.

_____

sie können zwischen 4 und 40 cm groß werden.

_____

auch Geckos sind nachtaktiv.

_____

es gibt sie schon seit über 50 Millionen Jahren.

_____

alle Geckos habe eine empfindliche Haut.

Willst du mehr über Hamster, Geckos
oder andere Tiere wissen? Im Internet
findest du viele interessante Seiten.

korrigiert: ☐

45

1 Lies halblaut.

die Vase – voll – der Vampir – vor – der Vulkan

der Vater – die Vanille – viel – der Vokal – vom

die Villa – von – vier – der Vogel

> V/v klingt manchmal wie f und manchmal wie w.

2 Markiere das V/v in Aufgabe 1 rot.

3 Schreibe die Wörter aus Aufgabe 1 passend zum Klang in den Vogel oder in den Vulkan.

4 Auch bei diesen Wörtern fehlt ein V oder v. Ergänze und trage sie auch bei Aufgabe 3 ein.

der No__ember   bra__   das Kla__ier   die La__a

korrigiert: ☐

1 Lies halblaut.

(1) die Straße – (2) der Fuß – (3) der Gruß – (4) der Strauß

(5) gießen – (6) fließen – (7) stoßen – (8) schießen – (9) groß

2 Markiere das ß in Aufgabe 1 mit rot.

> Ein ß steht immer nur nach langen Vokalen.

3 Schreibe die Wörter aus Aufgabe 1 passend in das Wortgitter.

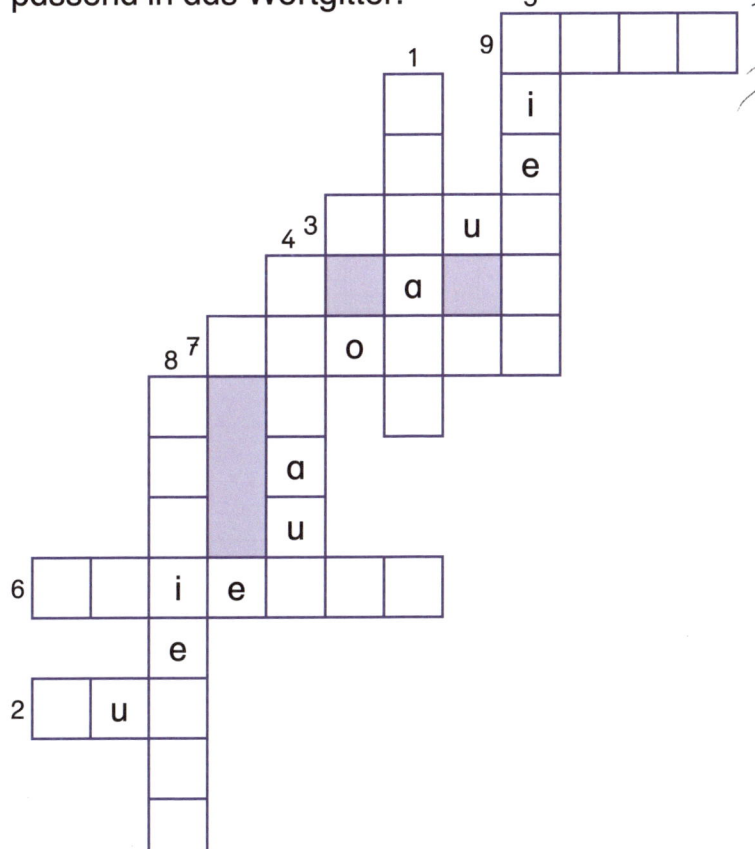

4 Decke die Wörter mit ß ab. Schreibe so viele wie möglich aus dem Gedächtnis auf ein extra Blatt.

korrigiert:

Grammatik	👑	👑👑	👑👑👑	👑👑👑👑
1. Ich kann Oberbegriffe finden.				
2. Ich schreibe Nomen groß.				
3. Ich kenne Verben.				
4. Ich kenne Adjektive.				
5. Ich kann Wörter nach Oberbegriffen ordnen.				
6. Ich kann zusammen-gesetzte Nomen bilden.				
7. Ich schreibe einfache Sätze.				
8. Ich kann Satzgrenzen erkennen.				

① Lies dir die Punkte zu Grammatik und zu Rechtschreibung in Ruhe durch.

Ich weiß über mein Lernen Bescheid.

② Kreuze an, wie du dich einschätzt.

Rechtschreibung	👑	👑👑	👑👑👑	👑👑👑👑
1. Ich kann für jeden Laut, den ich höre, einen Buchstaben schreiben.				
2. Ich schreibe in jeder Silbe mindestens einen Vokal.				
3. Ich kann -er, -el und -en am Wortende richtig schreiben.				
4. Ich kann Wörter mit ä, ö, ü, au richtig schreiben.				
5. Ich kann Wörter mit d und t am Wortende richtig schreiben.				
6. Ich schreibe Nomen groß.				
7. Ich schreibe Satzanfänge groß.				

1 ABC-Pferdewettkampf

Fahre mit einem Bleistift fünf Mal den Weg durch die Hindernisse nach. Fahre gleichmäßig schnell und sprich die Buchstabennamen, an denen du vorbeikommst, mit.

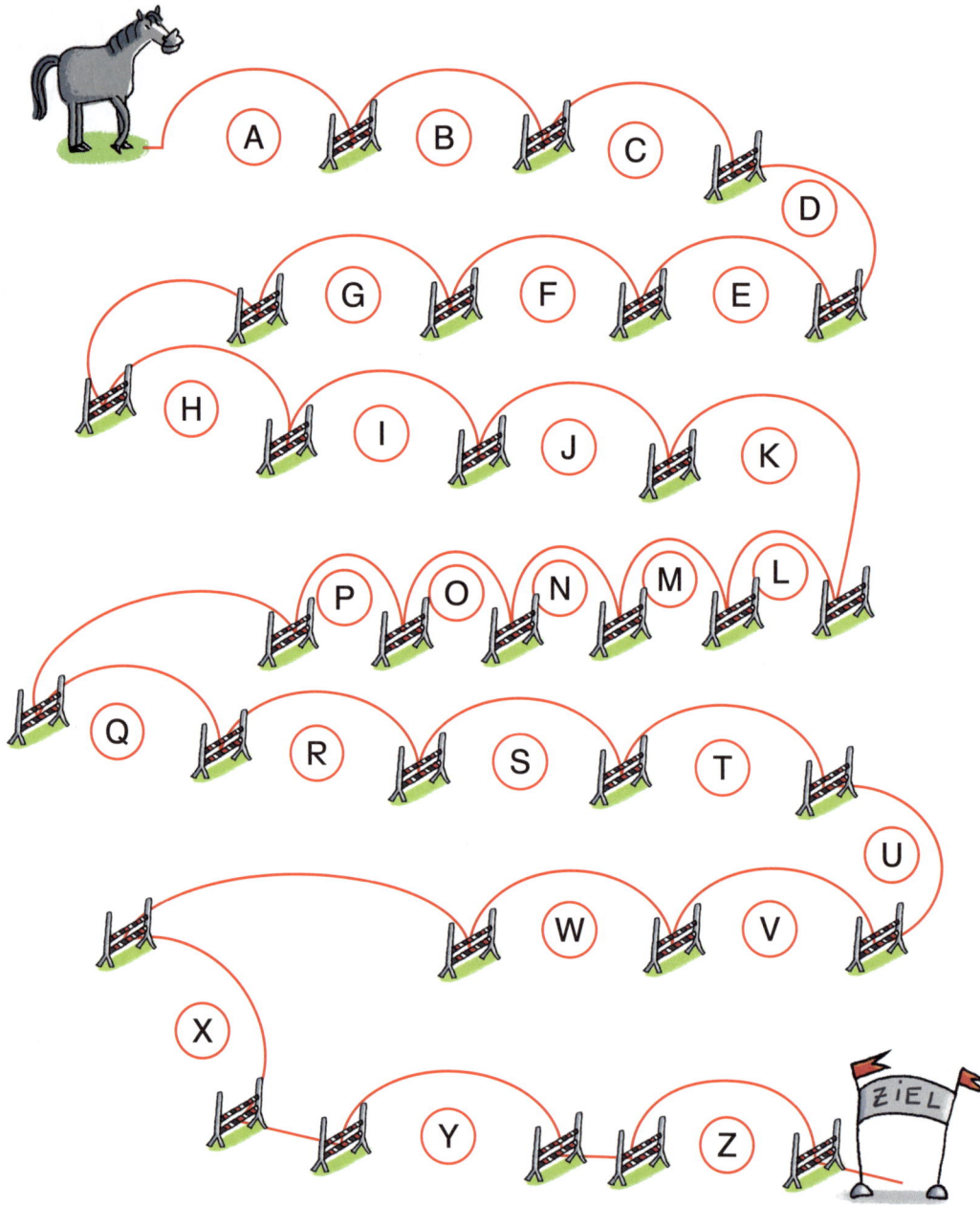

2 ABC-Autorennen

Fahre mit einem Bleistift fünf Mal den Weg durch die
Rennstrecke nach. Fahre gleichmäßig schnell und sprich die
Buchstaben, an denen du vorbeikommst, mit.

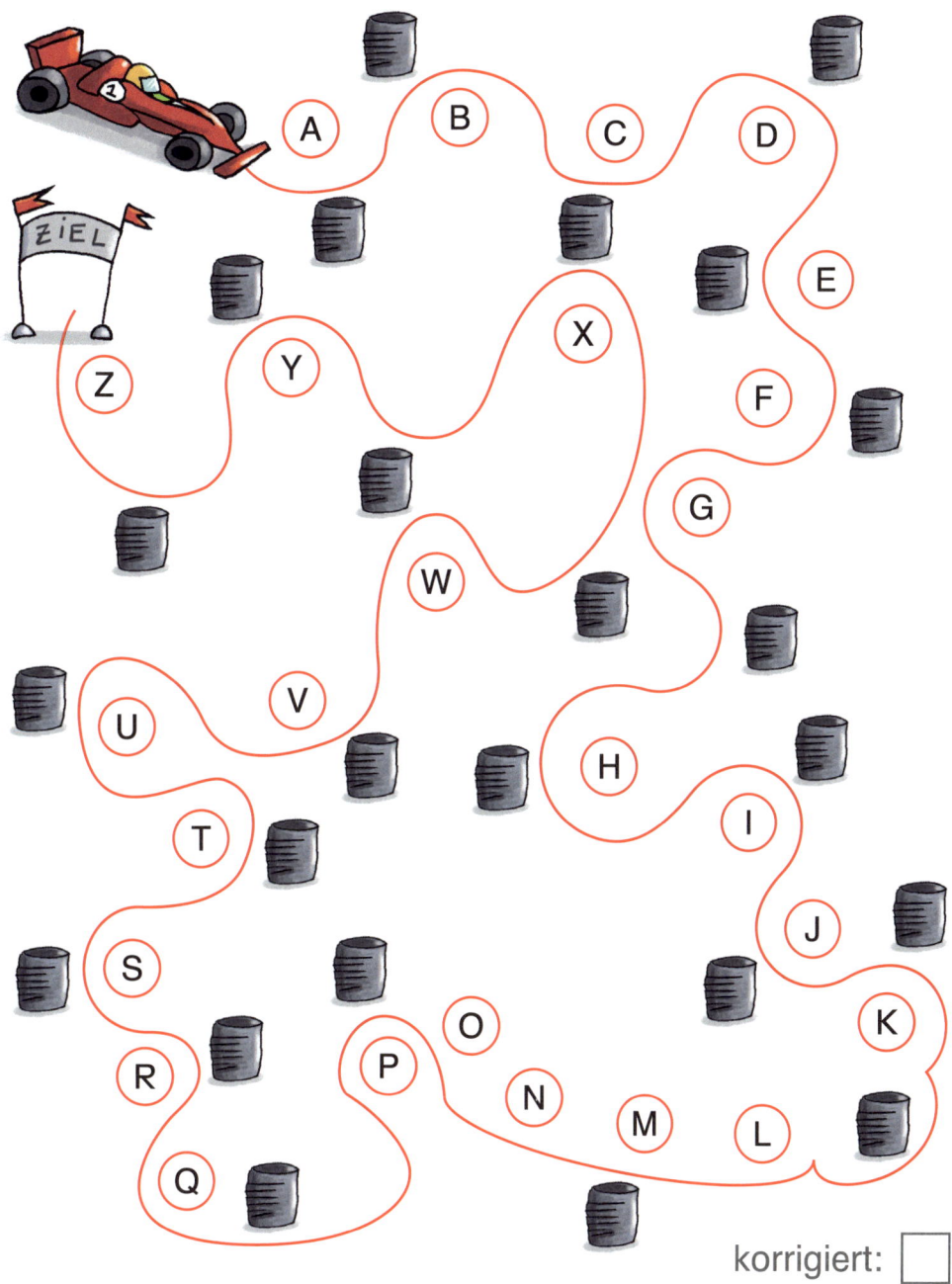

korrigiert: ☐

1 Verbinde die Buchstaben des ABC.
Schreibe dazu, was entstanden ist.

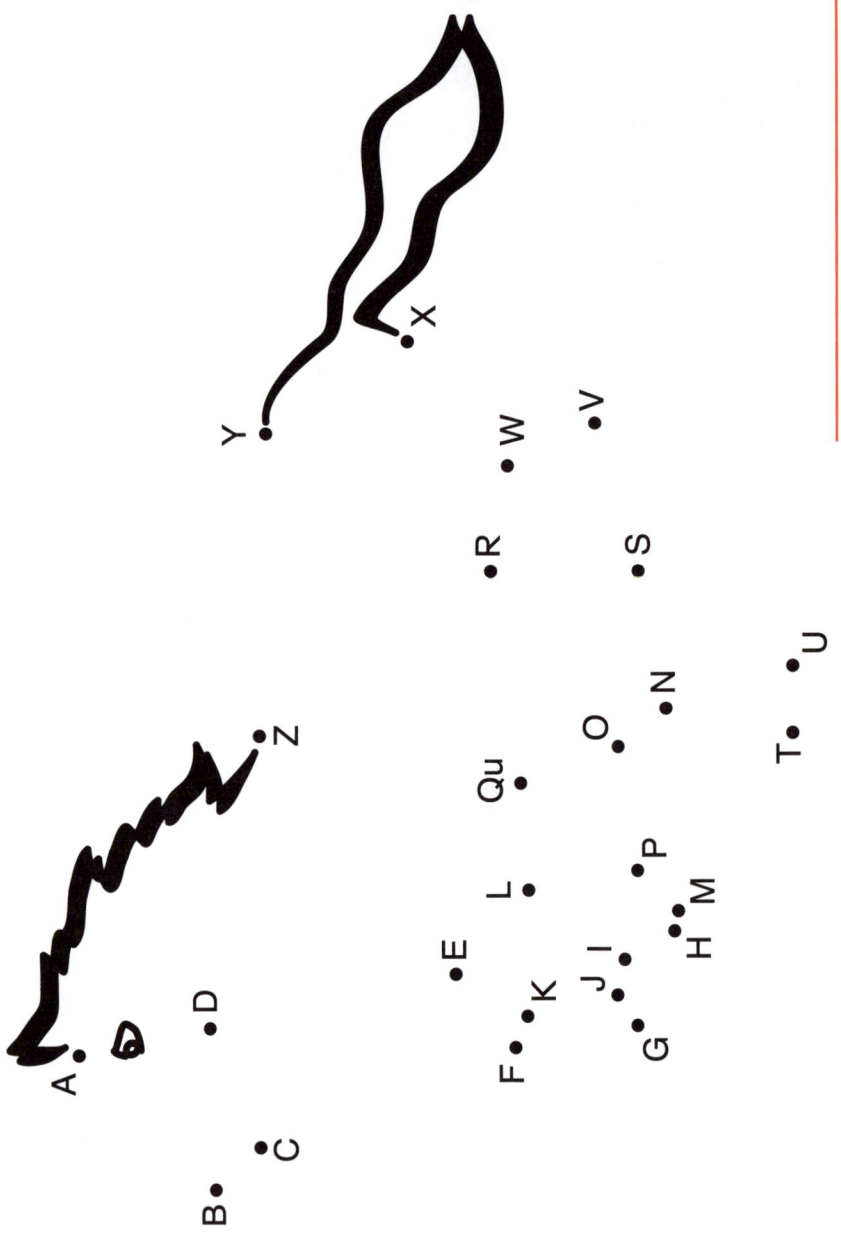

Verbinde die Buchstaben des ABC.
Schreibe dazu, was entstanden ist.

korrigiert: ☐

1 Schreibe die fehlenden Buchstaben in die Bausteine.
Sprich mit.

A ___ C ___ E ___ G

H I ___ ___

L M ___ ___ P

Qu ___ ___ T ___ V ___

___ Y ___

korrigiert: ☐

Welche Buchstaben fehlen? Ergänze die Nachfolger und die Vorgänger. Decke vorher die linke Seite ab.

korrigiert: ☐

1 Ordne die Namen in die ABC-Liste ein.

A		N	
B		O	
C		P	
D		Qu	
E		R	
F		S	
G		T	
H		U	
I		V	
J		W	
K		X	
L		Y	
M		Z	

Rabia, Mia, Wladimir, Ben, Emma, Yasemin, Leon, Hanna, Gökhan, Anna, Finn, Orhan, Jonas, Ibrahim, Kevin, Paul, Xenia, Sofia, Nele, Tim, Clara, David, Zeki, Vera, Ulf, Quirin

2 Sortiere nach dem ABC. Kontrolliere mit dem ABC am Rand.

Streichelzoo

Afrika-Gehege

A
B
C
D
E
F
G
H
I
J
K
L
M
N
O
P
Q
R
S
T
U
V
W
X
Y
Z

korrigiert:

1 Die Namen dieser Tiere und Dinge sind schwierig zu schreiben.
Schlage sie im Wörterbuch nach und schreibe sie auf.

der _____

das _____

die _____

das X _____

der C _____

korrigiert: ☐

1 Löse die Wörterbuch-Rätsel

Finde ein Tier mit Qu und schreibe es auf.

_____

Schreibe das erste Wort mit dem Anfangsbuchstaben „F f" auf.

_____

Schreibe zwei Tiere mit „W" auf, die im Wörterbuch stehen.

_____

Schreibe ein langes und ein kurzes Wort mit dem
Anfangsbuchstaben „Z z" auf.

_____

Schreibe vier Nomen mit dem Anfangsbuchstaben „L" auf.

_____

_____

Auf welcher Seite steht das erste Wort mit dem
Anfangsbuchstaben „S s"?

_____

2 Erfinde mit einem Freund oder einer Freundin weitere
Suchrätsel und lasst sie von jemandem lösen.

korrigiert: ☐

1 Markiere den 2. Buchstaben der Wörter im Kasten.

2 Ordne die Wörter in die Liste ein.

E a _____

E b *ene* _____

E c _____

E d _____

E e _____

E f _____

e g _____

e h _____

E i _____

E j _____

e k _____

E l _____

e m _____

E n _____

E o _____

E p _____

E qu _____

e r _____

e s _____

...

ekeln

Edelstein

erinnern

Ende

~~Ebene~~

ehrlich

egal

essen

Eichhörnchen

Eltern

Ecke

empfangen

60

Wenn der 1. Buchstabe gleich ist,
musst du auf den 2. Buchstaben achten.

3 Markiere den 2. Buchstaben der Wörter.

4 Ordne die Wörter nach dem ABC und schreibe sie
auf die Linien.

niedrig

Nachbar

noch

nehmen

_____

_____

_____

_____

Tafel

teilen

Theater

Tier

toll

träumen

_____

_____

_____

_____

_____

_____

korrigiert: ☐

Die Kinder der Klasse 2a haben Obst und Gemüse mitgebracht.

Apfel

Trauben

Paprika

Zitrone

Birne

Zwiebel

Karotte

Tomate

Pfirsich

Kiwi

Blumenkohl

Kohlrabi

Banane

Ananas

1 Ordne die Wörter nach dem ABC. Achte auf den 2. Buchstaben.

A _____   K _____

A _____   _____

_____   _____

_____   _____

_____   _____

_____   _____

_____   _____

korrigiert: ☐

Ein Kind der Klasse 2a schreibt ins Klassentagebuch.

1 Lies den Text.

1. Oktober

Heute haben wir über Obst und Gemüse

gesprochen. Wir haben Suppe und Obstsalat

gemacht. Jeder hatte für die Suppe einen

T_____ dabei. Meine M_____

hat mir zwei Ä_____ und eine

T_____ mitgegeben. Mit der Suppe

habe ich mir den M_____ verbrannt,

weil sie so h_____ war. Damit der Obstsalat

richtig süß schmeckt, haben wir etwas

Z_____ dazugetan.

2 Hilf dem Kind, die schwierigen Wörter richtig zu schreiben.
Schlage dazu im Wörterbuch nach.

korrigiert: ☐

Nachschlagen				
1. Ich kann das ABC auswendig aufsagen.				
2. Ich kann Wörter nach dem ABC ordnen.				
3. Ich kann Wörter im Wörterbuch finden.				

① Lies dir die Punkte in Ruhe durch.

② Kreuze an, wie du dich einschätzt.

Ich weiß über mein Lernen Bescheid.

Tschüss